G

ADRESSE

DE L'AUTEUR

DES CONSIDÉRATIONS

SUR

L'ÉTAT ACTUEL

DES SOCIÉTÉS EN EUROPE,

A LA CHAMBRE DES DÉPUTÉS.

A STRASBOURG,

Chez { MM. LEVRAULT.
MM. TREUTTEL et WURTZ.

A PARIS.

Chez { MM. CORREARD, DELAUNAY et PELICIER, au Palais royal.
MM. BACHELIER et BÉCHET, quai des Augustins, n.° 55 et 57.
M. GRAND, rue de la Monnaie, n.° 1, près le pont neuf.

ADRESSE
DE L'AUTEUR
DES CONSIDÉRATIONS
SUR
L'ÉTAT ACTUEL
DES SOCIÉTÉS EN EUROPE,
A LA CHAMBRE DES DÉPUTÉS.

Avec des observations sur l'ordre du jour, par lequel cette adresse a été accueillie et une réponse à quelques objections.

Barbarus hic ego qui non intelligor illis.

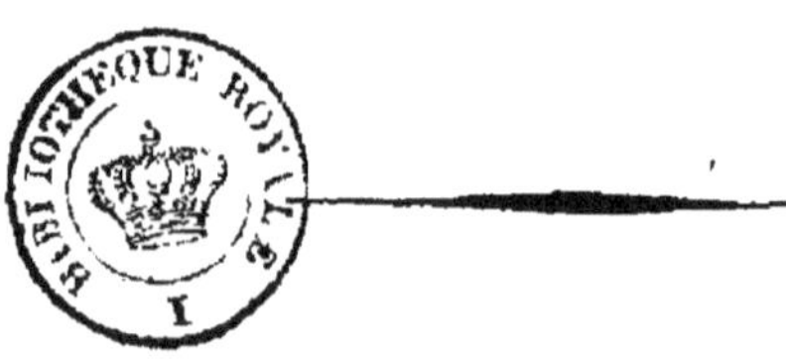

STRASBOURG,
De l'Imprimerie de L. Eck, rue des Frères, N.° 2.

AVERTISSEMENT.

COMME j'ai été accusé à la tribune de la chambre des Députés, séance du 19 Février 1819, de lui avoir envoyé une adresse rédigée dans un mauvais esprit, j'ai cru devoir faire imprimer ici cette adresse pour mettre les hommes impartiaux, à même de juger entre le rapporteur de la commission et moi. Voici donc cette adresse imprimée sur une minute que j'avois conservée, avec les corrections que j'y avois faites, pour une copie qui devoit remplacer celle que j'avois d'abord envoyée, parceque la première ne me sembloit pas rendre assez exactement ma pensée, on y trouvera aussi quelques corrections que suppose le passage d'un manuscrit à l'impression.

Ceux qui pourraient prétendre que ces corrections ont changé le prétendu esprit de l'adresse que j'ai envoyée, feront leurs observations à cet égard. Mais ayant inutilement attendu jusqu'ici que l'on voulut bien m'envoyer des bureaux de la chambre une copie cotée et parafée, *ne varietur*, avec l'extrait du procès-verbal de la séance du 19 Février, *parte in qua*, j'ai été obligé de me servir de la minute que j'avois entre les mains.

Telle est la cause du retard qu'a éprouvé cette impression. La seconde copie dont il est ici question est restée à Paris entre les mains de M.r GRAND*, qui ne l'a pas remise à tems.

---

* NB. M.r GRAND est l'éditeur de mes Considérations sur l'état actuel des sociétés, publié en 1818, la première partie de ces Considérations avoit été imprimée à Lons le Saunier en 1815 pendant les cent jours.

L'AUTEUR

des Considérations sur l'état actuel des Sociétés,

A Messieurs les MEMBRES de la chambre des Députés.

Strasbourg, le 24 Décembre 1818.

MESSIEURS!

J'AI l'honneur de vous prier de vouloir bien agréer un exemplaire ci-joint, de mes Considérations sur l'état actuel des sociétés en Europe, ouvrage dans lequel j'ai tâché de montrer la nécessité où nous sommes, d'organiser le droit de cité sur la base de l'unité, aulieu de celle de la division des intérêts, si nous voulons la fin de cette révolution, et une véritable restauration auxquelles nous ne sommes point encore parvenus, quoique l'on puisse vouloir dire à cet égard.

Je désire infiniment que ce travail ne soit pas sans fruit pour la génération présente, et j'ose présumer, Messieurs, si vous voulez bien lui accorder votre attention, qu'il produira de nos jours tous les fruits que j'ai pu en espérer, c'est-à-dire l'affermissement de l'ordre, et la justice envers tous qui ne peuvent avoir lieu, que par la stipulation des droits de l'immense majorité. . . Je crois avoir prouvé que ces droits de majorités dans l'état actuel des choses ne sont reconnus que d'une manière trop vague et trop implicite, pour que nous puissions espérer quelque stabilité, sur tout avec les élémens de division qui nous travaillent.

Je me trouverai bien récompensé des soins que cet ouvrage a pu me donner, si vous voulez bien accorder, Messieurs, aux questions dont je me suis occupé, l'attention que je crois qu'elles réclament.

Ainsi je crois avoir démontré que ce n'est pas le régime arbitraire qui est la cause des vices du régime de la division des intérêts, que c'est au contraire la division des intérêts qui est la cause nécessaire du régime arbitraire, et des inconvéniens comme des malheurs qu'il traîne avec lui, . . il me paroît évident qu'on a toujours pris à cet égard l'effet pour la cause.

La division des intérêts se trouve malheureusement rétablie parmi nous, par l'article 71 de la charte contre l'intention de son illustre auteur, et l'unité d'intérêts n'est point organisée, donc le régime arbitraire y renaîtra de ses cendres; donc si nous voulons parvenir à quelque permanence et à quelque stabilité, cet article doit être rapporté lors de la révision de la charte, dont j'ai cru devoir faire sentir la nécessité non seulement par cette raison, mais encore par un grand nombre d'autres sur lesquelles je ne reviendrai point ici.

Veuillez bien, Messieurs, me permettre et me pardonner à cette occasion l'apologue suivant, il me servira d'une nouvelle démonstration de toutes mes idées.

LA CONCORDE ET LA DISCORDE, apologue.

La discorde et la concorde étant un jour descendues sur la terre, voulurent y faire adopter leurs lois; c'étoit encore dans les tems de barbarie, mais fort longtems après les conquêtes, elles voulurent donner des constitutions aux peuples; voici comment elles s'y prirent chacune de leur côté pour asseoir leur empire.

La discorde accompagnée de l'orgueil et de l'avarice devança sa rivale, et elle dit à quelques uns, vous êtes trop bien nés, trop bien élevés, trop au-dessus du vulgaire, pour rester confondus avec ces hommes qui ramassent la boue de vos rues, il est juste que vous ayez des titres et des distinctions, qui vous aideront à en avoir d'autres avec les quels vous amasserez des richesses et des honneurs, et encore des honneurs et des richesses. Il faut que vous jouissiez enfin d'avantages et de privilèges qui vous séparent de cette espèce de gens qui peuvent bien avoir quelque bonté, quelques vertus dans le coeur, ce dont vous vous garderez bien de convenir, *même in petto*, mais qui ne peuvent vous être comparés sous aucun rapport ni s'assimiler à vous sans la plus détestable insolence. Ces hommes de néant ne doivent prétendre à aucune place dans une association politique bien organisée, obéir et se taire, voilà leur lot, ils doivent en un mot n'être comptés ni pesés pour rien que pour ce qu'ils pourront contribuer à vos besoins, à vos plaisirs et à vos jouissances. *L'honneur, le respect, la haute considération n'appartiement qu'à ces nobles citoyens de l'état, la loi doit refuser tout lustre d'état à un lustre bourgeois; elle lui interdira tous les postes d'honneur. V. M. de Montlosier p. 311. etc. de son dernier ouvrage.*

Je vous accorderai donc à vous et à vos familles, tous ces titres et ces honneurs que vous pourrez désirer, si vous reconnoissez mes lois et mon empire, . . vous et les vôtres vous serez exclusivement les honnêtes gens, établissez donc ma domination et la vôtre sur ces hommes de rien, je vous avouerai de tout ce que vous pourrez dire et faire à cette occasion, et ceux qui montreront plus de zèle à mon service seront les mieux récompensés, . . vantez la régularité, les avantages et la douceur de mon règne et du vôtre, la grandeur de mes projets, l'éclat de mes richesses et de celles que je répandrai sur vous, car je vous permettrai de conduire par millier ces hommes de néant contre vos voisins, pour vous débarrasser des premiers, dont le nombre pourroit bientôt vous inquiéter. Sans cela on verroit peut-être bientôt ces coquins se réunir contre vous, sous le beau prétexte de justice et d'égalité, mais à leur aide, et pendant qu'ils obéiront, je vous mettrai à même de partager les dépouilles des autres. Vantez donc les avantages du luxe, des richesses, la gloire des conquêtes, le faste des cours, ma céleste origine et surtout la vôtre.

Ces seuls mots dits à quelques uns suffirent pour mettre en mouvement, pour enflammer toute cette masse de coeurs et d'esprits avares et orgueilleux qui peuplent nos cités, et que l'on retrouve jusques dans nos campagnes; l'on vit de toute part les agens de la discorde souffler les inspirations de leur reine. Celle-ci dès ce moment assise sur son trône, n'eut plus qu'à recevoir les hommages de ses nombreux sujets, à leur distribuer le blâme et la louange, les punitions et les récompenses.

Ceux qui approchèrent le plus près de la déesse et de son trône, promirent aux autres, leur protection, tous se persuadèrent et espérèrent qu'ils alloient voir combler tous leurs voeux. Plusieurs recueillirent en effet, les places, les cordons, les emplois de toute espèce. On se pressa de plus belle autour du trône de la Déesse, ou de ceux qui tinrent sa place; on abandonna les champs pour la cour et pour la ville, les moindres caprices des dominateurs devinrent les lois divines: on entendit tous leurs adorateurs répéter les grands mots de prérogative du trône, *légitimité de leur droit*, obéissance et dépendance des classes inférieures, nécessité du bon ordre, les doctrines de notre minorité furent proclamées avec un empressement et une joie feroces.

Cependant la discorde ne perdit pas son tems au milieu de ses triomphes, comme elle se vit très assurée de la foi et des hommages des coeurs corrompus, elle envoya l'orgueil et l'avarice jusques dans les classes qu'elle avoit constituées inférieures, celles-ci interprétèrent dans leur sens, quelques uns des discours que tenoient la concorde et ses compagnes, elles conseillèrent à plusieurs de faire entendre des murmures, de revendiquer leurs droits, de résister enfin aux envahissemens des classes dites supérieures, une lutte d'abord sourde s'engagea, bientôt elle devint plus ouverte, et la discorde triompha partout de sa rivale.

Ainsi la première opération de la discorde comme de la conquête fut la division des classes et des intérêts, avec celà elle se tint assurée de tout le reste; elle fut bientôt convaincue que son règne dureroit autant que son institution; ou autant qu'elle pourroit conserver l'orgueil et l'avarice comme mobile et comme ressorts de son gouvernement, et que sa domination seroit éternelle comme ces passions.

Que faisoit pendant ce tems là la concorde ainsi vaincue au premier choc de sa rivale, arrivée trop tard à raison de la sécurité que lui inspire la bonté de sa cause et de la droiture de ses intentions, comment put-elle conserver quelque espoir de triomphe? comment put-elle s'y prendre pour faire entendre sa voix à travers le débordement de toutes les passions mises en jeu par son ennemie. Pleine du mépris que lui inspire cette rivale, elle comptoit trop sur sa beauté et ses graces, elle fit d'abord une gaucherie, elle se présenta à la cour même de la discorde, elle la trouvoit si laide qu'elle ne douta point de son triomphe.

On accourut en effet autour de l'étrangère, on la trouva belle, son aspect parut plein de charmes, mais on la trouva ridicule et maladroite; ses compagnes, la justice et la raison, parurent hautaines, froides et pédantes; elles voulurent dire quelques mots, ils contrarioient les intérêts les plus chers, on les accueillit par des huées. La concorde un peu honteuse de sa fausse démarche, reconnut que ce n'étoit pas si près de l'orgueil et de l'avarice, qu'elle pourroit établir son empire, elle se mit à parcourir les campagnes. C'est alors que la discorde assurée de sa puissance, envoya l'orgueil et l'avarice à la suite de sa rivale, elle leur ordonna de se déguiser, de lui envoyer des sujets, et elle continua à se livrer aux plaisirs et aux tracasseries de sa cour.

Partout où la concorde se présente, elle est toujours sûre d'être d'abord bien accueillie, et quoique ses compagnes soient toujours calmes et froides, elles plaisent cependant à tous les esprits, on les écoute, mais on ne les suit guère, cependant on les vante et bientôt, on veut passer pour leurs adorateurs, on leur adresse publiquement des hommages, mais les voeux secrets d'une grande masse sont pour être reconnus distingués par leurs rivales, qui promettent et qui donnent avec éclat ce qui plait davantage que la sécurité et le bien de tous. Les distinctions et les biens particuliers.

Cependant la concorde qui voit les succès de sa rivale, le trop grand sang-froid de ses compagnes, croit devoir relever leurs attraits et les siens, par quelques discours qui fassent sentir tout le charme de leur empire, à une plus grande masse que celle de ces gens sensés qui pensent et qui raisonnent avant d'agir, et qui veulent toujours agir dans le sens de la justice et de la raison. Elle compte sur ces hommes là, mais comme il n'est pas facile de les mettre en mouvement, elle doit chercher à arrêter par quelque autre moyen les progrés de son ennemie et de ses ardens partisans, sans cela ils parviendront bientôt à la chasser de la terre et à la forcer de se réfugier dans le ciel, avec ses compagnes.

Mes amis, dit-elle, à ceux qui voulurent l'entendre, vous êtes tous moins inégaux que différens à mes yeux, vous ne pouvez être heureux, que par moi, par la justice et la raison qui sont mes compagnes inséparables, venez donc à moi et reconnoissez tous le charme des lois que je veux établir parmi vous. Ce n'est pas la dépendance que j'exige de vous, c'est l'union nécessaire à tout concours, vers un but commun et ce but commun de mes lois auquel il vous importe de concourir, c'est le bien de tous. Vous y arriverez nécessairement par la justice et la raison; suivez donc leurs inspirations, elles sont remplies d'attraits, et c'est par elles seules que je puisse régner.

Pour vous rendre plus facile l'exercice de mes lois, et pour mieux établir la durée de mon empire, j'ai reconnu que vous avez tous les mêmes droits aux mêmes choses, mais que vous n'avez pas tous les mêmes moyens pour remplir les mêmes fonctions; c'est pourquoi j'ai résolu d'employer chacun de vous au grand oeuvre de la prospérité publique, d'après l'étendue des moyens qu'il a reçu de la nature, votre mère commune, et qu'il recevra de l'éducation que je veux rendre commune aussi. . . Car vous naissez tous dans la profonde nuit de l'ignorance, et vous avez tous le plus grand besoin de l'instruction, pour vous diriger dans la carrière épineuse de la vie. Or comme je veux que vous soyez tous aussi heureux qu'il vous a été accordé par la nature de pouvoir l'être, ce sera là le premier objet que je soignerai, la supériorité des lumières que quelques uns de vous pourront acquérir, ne devra pas vous effrayer, car vous devez savoir comme moi, que cette inégalité des lumières ne subsiste pas contre, mais en faveur de ceux qui ne les possèdent pas au même degré, et que plus l'homme a de génie, plus il a de vertus. D'ailleurs ce point est nécessaire à la stabilité de mon empire, pour que les inspirations de mes compagnes, la justice et la raison puissent prévaloir sans cesse, sur celles des passions mes ennemies; je donnerai donc beaucoup de soin à ce premier point.

Quant au second comme mon plus grand soin, sera de vous employer autant que possible, chacun suivant vos goûts et vos moyens, je vous diviserai par familles ou par tribus, ayant toutes les mêmes droits, et non par classes ayant des droits inégaux, ainsi que l'a fait ma rivale, par ce moyen vous vous connoîtrez tous, et vos choix pourront me désigner longtems à l'avance dans chaque famille ou tribu, ceux que je pourrai employer à faire exécuter les lois de mes compagnes, la justice et la raison, qui régleront vos destinées sous

mon

mon empire. Tandis que ce sont les lois de l'orgueil et de l'avarice, qui les règlent sous l'empire de ma rivale.

Ceux qui emploieront leur tems et leurs travaux aux autres occupations de la vie, ne seront point humiliés, avilis, par des castes orgueilleuses; ils sentiront tout le prix et les charmes de leurs occupations, la poésie même ira leur révéler les secrets de leur bonheur; ainsi les charmes de l'agriculture, du soin des troupeaux, des produits des arts, seront célébrés comme au tems où régnoit notre mère la divine Astrée. La misère et l'opprobre ne seront donc plus le partage d'une portion, la plus nombreuse de la société.

Mon troisième objet sera de pourvoir à votre sécurité et à votre indépendance, tous y concourront également, mais principalement ceux qui seront plus intéressés à la conservation de l'ordre, du sol et des lois.

Du reste vous aurez peu besoin des arts, ni des attirails de la guerre et des conquêtes, si ce n'est pour vos jeux et vos fêtes, et pour recevoir le trop plein de la cité: car si vous écoutez mes inspirations, si vous vous rangez sous mes lois, vos voisins viendront également s'y ranger en foule, et ils jouiront comme vous de toute la sécurité et le bonheur, dont la race humaine peut jouir. N'écoutez donc plus les inspirations de mon ennemie, et de ses odieuses compagnes. Elles se sont déjà plusieurs fois glissées jusques dans nos rangs pour détruire mon ouvrage, et elles n'y sont que trop aisément parvenues, elles ont opposé l'orgueil à l'orgueil, l'avarice à l'avarice, des combats sanglans et sans cesse renouvellés, en ont été la suite, ils se prolongeront si vous n'y prenez garde, d'autant plus aisément, que dès que je parois quelque part et que je réclame mes droits, partout je trouve des sectateurs hypocrites qui feignent de me rendre leur culte, et qui dans le fond du coeur adressent leurs hommages à nos ennemies. Personne n'avoue cet hommage rendu à nos perfides rivales, et tout le monde veut passer pour nous rendre un culte sincère, voilà ce qui fait que nos ennemies remportent souvent sur nous des avantages, qu'elles ne devroient jamais obtenir, et dont vous devriez rougir. C'est ainsi qu'elles régnent despotiquement sur vous, depuis tant de siècles, surtout depuis que les conquêtes ont introduit parmi vous l'horrible division des intérêts qui vous dévore, et dont ma rivale s'est si habilement servie. Quel fruit plus amer de la guerre et de la violence?

C'est contre ce détestable ordre de chose que je lutte en vain, et ce qui prouve assez la foiblesse de votre intelligence, et le besoin que vous avez d'instruction pour distinguer mes inspirations de celles de mes rivales, c'est que mon règne commence à peine à s'établir, dans une petite portion du globe que vous habitez, ou n'est même solidement établi nulle part.

Mon empire est fort doux, mais il est absolu, car la justice et la raison, mes compagnes et mes ministres, quelques aimables qu'elles soient, n'entendent rien aux demi-mesures, elles ne s'y prêtent pas, et souvent elles me forcent à refuser des concessions que je serois tentée d'accorder à vos foiblesses et à vos passions. Voilà pourquoi les droits des amjorités, sur lesquelles elles ont tant d'empire, sont si solidement établis sous ma domination.

Chacun écoute attentivement la Déesse, la plupart se laisse séduire et entraîner, mais l'orgueil et l'avarice déguisées, sont dans l'assemblée, elles parlent à l'oreille de quelques uns de ceux, qu'elles ont vu à la cour de leur reine, les chuchotemens circulent, on entend les mots, quelles pédantes! ce sont des factieuses, les vues personnelles et les intérêts privés relèvent leurs têtes hideuses, et la concorde et ses compagnes, vont encore être expulsées; si vous n'y prenez garde, Messieurs, de ce coin où elles espéroient rendre leurs oracles.*

* NB. La concorde est un peu raisonneuse et babillarde comme on le voit ici, la discorde frappe et ne raisonne pas tant; voilà pourquoi l'une parle toujours d'instruction, tandis que l'autre appelle à son aide l'ignorance et ses minis-

Voilà quelques unes des choses que j'ai dites, et que je crois devoir recommander à l'attention de la chambre, car cet apologue est notre histoire depuis longtems, c'est à vous, Messieurs, qu'il appartient de choisir, ce qu'il doit en arriver pour la suite et de décider si nous devons continuer à être régis par cette horrible division des intérêts, qu'on appelle le régime pratique, régime odieux, qui ne peut manquer d'assurer le triomphe des discordes civiles, vous déciderez si nous devons revenir à l'unité d'intérêts, qui ne peut avoir lieu sans l'organisation des majorités, et sans la stipulation précise de leurs droits.

C'est à la recherche de la solution de ces diverses questions, qu'est consacré l'ouvrage que j'ai l'honneur de vous adresser.

Les discordes civiles ne peuvent cesser parmi nous, qu'en adoptant de meilleures stipulations pour l'ordre social : j'ai cherché à mettre en évidence quelques unes de ces meilleures stipulations.

Le règne de la concorde ne sauroit durer parmi nous, si on laisse à l'orgueil et à l'avarice, tous leurs développemens, et si on les prend encore pour ressorts du Gouvernement.

---

tres, la première veut la publicité, l'enseignement mutuel, le progrès des lumières; l'autre en fait un objet de dérision et veut l'ignorance et ses ministres, et si elle n'avoue pas son but, elle ne manœuvre pas moins pour l'obtenir.

Il n'y a guère lieu de douter que si l'on en étoit à choisir entre l'ordre de choses que j'ai proposé, et celui qui est établi, on ne préférât de beaucoup le premier. Mais de ce que le dernier est établi, est-ce une raison pour lui sacrifier celui que tout le monde reconnoîtra aisément être le meilleur, du moment où l'on voudra accorder quelque attention à ses dispositions ; j'ai démontré d'ailleurs qu'avec le dernier nous ne pouvons que marcher de révolutions en révolutions.

Si vous voulez bien lire avec attention l'ouvrage que j'ai l'honneur de vous transmettre, Messieurs, j'ose me flatter que vous y verrez qu'il ne contient pas seulement une réfutation de nos *ultra* en tout sens, mais qu'il contient un systême d'organisation sociale réellement plus conforme à la justice, entièrement applicable aux circonstances dans lesquelles nous nous trouvons, et à l'état actuel de notre civilisation et de nos lumières.

Vous y verrez qu'il ne repose pas sur une de ces théories inconsistantes, qu'on aime à appeller les rêves d'un homme éveillé, mais qu'il est appuyé sur une série de démonstrations et de vérités qui constituent la nécessité morale et politique, jusqu'à laquelle j'ai voulu remonter, pour présenter aux nations un mode d'organisation sociale que les théories ne puissent ébranler.

J'ai mis autant que j'ai pu ce mode de Gouvernement, ou celui par l'unité d'intérêt, en opposition avec celui sous lequel nous gémissons depuis si longtems, celui par la division des intérêts.

S'il est vrai que l'association politique ne puisse avoir lieu que dans la vue du bien de tous.

S'il est vrai que le bien de tous ne puisse avoir lieu sans la justice envers tous.

Il n'est pas moins vrai que la justice envers tous, ne peut avoir lieu, là où une portion de la societé est régie par des lois particulières. (*privatae leges* ainsi que les appelle, ou des coriphées de la minorité.)

Que les priviléges d'une classe ou la division de la société par classe, constitue la division des intérêts

Que la moyenne proportionnelle de toute division d'intérêt, *c'est le trouble.*

On ne peut donc parvenir au bien général et à la justice envers tous que par l'unité d'intérêt.

Or comme il ne peut y avoir unité d'intérêt chez une nation divisée par classe, il suit, que si l'on veut la stabilité, le bien général et la justice envers tous, un meilleur ordre morale, enfin, il est absolument nécessaire d'organiser les nations par tribus, ou par familles, centénies et millénies, comme on voudra les appeler.

On ne peut trouver de garantie sociale que dans une nation organisée par tribus.

La corruption, les vices, l'immoralité sont les suites nécessaires de la division par classes.

Dans l'organisation par tribus chacun est solidairement responsable de l'exécution des lois, et ne peut manquer de concourir au bien général.

Avec la division par classes, les lois, les tribunaux, les administrations sont nécessairement partiales; tout devient vues et considérations personnelles.

Avec l'organisation par tribus, les vues, les considérations des lois, des tribunaux, des administrations ne peuvent plus se porter sur les individus, mais sur les tribus, ou les unités politiques dont ils font partie.

C'est alors que l'on peut conçevoir toute la justesse d'un des plus beaux passages de J. J. Rousseau: loin qu'il faille qu'un innocent périsse pour tous, tous ont engagé leurs biens, leur vie et leur honneur à empêcher qu'un innocent périsse.

Tant que les droits des majorités resteront dans l'ombre, comme ils y sont aujourd'hui, pour donner semble-t-il aux minorités, le tems et les moyens de les éluder, quand il leur conviendra ou quand ces minorités auront pu reprendre l'influence qu'elles veulent et espèrent bien ressaisir, les majorités ne peuvent cesser d'être ombrageuses et jalouses. L'on ne peut donc obtenir par là, qu'un état infiniment précaire et immoral, puisqu'il organise cet état habituel de perfidie et de sourde guerre, qui travaille toujours toutes nos sociétés.

Les nations divisées par tribus, sont indestructibles.

La division par classes est absurde, elle est en tout point contraire au bon ordre, elle est le résultat direct de notre ignorance, de notre orgueil, de notre avarice et de notre barbarie.

L'on ne peut confier aux minorités, la garantie des droits des majorités.

Là où les droits des majorités ne sont poirt organisés, il n'y a de garantie pour les droits de personne, pas même pour ceux des Rois.

Les Rois doivent donc nécessairement et de tems à autres, être les victimes des collisions qu'entraîne cette détestable division des intérêts.

Telles sont les pensées fondamentales qui m'ont conduit aux développemens dans lesquels j'ai cru devoir entrer, en faisant voir que pendant les neuf premiers périodes, de la civilisation, les peuplades et les états ont été gouvernés dans le sens de l'unité d'intérêts, qu'il n'y a que ce mode de Gouvernement qui soit stable et légitime. (Voyez Chap. V.)

Les Grecs ne concevoient même pas la possibilité d'un autre ordre de chose que l'unité d'intérets. C'est Rome, qui la première a donné le fatal exemple de la division des intérêts.

Dans le 10.e période, celui des conquêtes et des asservissemens, dans lequel s'est établie la division des intérêts; l'espèce humaine a été excessivement malheureuse. Toutes les idées d'ordre, de vices et vertus, ont été subverties.

Dans le 11.e période, celui ou nous voulons revenir à l'unité d'intérêt, ou à la justice envers tous; nous ne pouvons y revenir que par l'organisation des familles ou tribus, au lieu de classes, que ce régime doit être calculé sur les avantages de l'agriculture, le nombre des citoyens se trouvera ainsi invariablement fixé sur des bases invariables elles-mêmes.

Enfin je crois avoir démontré la nécessité d'un ordre de chose, qui fasse disparoître toutes les vues, toutes les considérations personnelles devant le grand but du bien de tous; en ne rendant possibles les succès des vues personnelles que par la poursuite du bien général.

Mon organisation d'une armée vraiment nationale, aussi nationale que celle de Sparte, et bien plus nationale que celles de Rome et d'Athènes, est peut-être également un vaste sujet de réflexions.

Mes observations sur la pairie, seul point dans lequel je me sois trouvé d'accord avec M. de Montlosier, méritent peut-être également que l'on s'y arrête, ainsi que tout ce que j'ai dit sur la nécessité où nous sommes d'organiser les nations par tribus, si nous voulons la justice et la stabilité.

Que l'on ne dise donc pas, je le répète que c'est ici une de ces théories inconsistantes, auxquelles on aime à donner le nom de rêves d'un homme éveillé, ces vérités constituent la nécessite morale et politique à laquelle j'ai voulu remonter, et les associations politiques n'aquerront de fixité que lorsqu'elles reposeront sur des institutions qui en seront les conséquences immédiates et légitimes.

Est-ce donc moi qui serai le barbare, si je ne puis parvenir à convaincre des gens qui ne veulent pas entendre. (*Voyez la quotidienne du* 14 *Décembre* 1818.) Il ne paroit pas que les partis s'arrêtent a considerer leur position respective, ils ne pensent qu'à s'attaquer et à se livrer de nouveaux combats.

Le Gouvernement lui-méme, ne paroît pas calculer avec assez de soin les suites nécessaires de ces dispositions des coeurs et des esprits, dans lesquelles les partis semblent se confirmer chaque jour davantage, par les dissimulations dont ils semblent user à l'égard l'un de l'autre, comme par les outrages dont ils cherchent à s'abreuver.

Cette insouciance apparente ou réelle du Gouvernement, qui me surprend d'un coté, lorsqu'il peut trouver une issue à l'etat précaire dans lequel il se trouve, cet endurcissement des partis d'un autre côté, qui ne me surprend pas; parceque la haine ne veut pas calculer les chances des événemens dans lesquels elle brûle de se précipiter, me paroissent les précurseurs les plus assurés des révolutions,* que chacun médite de son côté, et qui nous atteindront infailliblement, si le Gouvernement ou l'autorité ne se mettent pas à la tête de la seule qu'il importe à la France et à l'art social de voir exécuter, et qui sera une restauration entière, un bienfait inappréciable, vu l'état de chose dans lequel nous nous trouvons, si elle est dirigée par l'autorité; à laquelle nous répéterons sans cesse: qu'il faut tout faire pour le peuple et rien par le peuple.

S. M. peut se flatter sans doute ; qu'elle échappera probablement à ces révolutions, qui se préparent encore, même en se refusant à exécuter la seule praticable avec succès, parmi nous; mais se flatteroit-elle également, que sa dynastie échappera aux dangers dont les partis se menacent et s'environnent, si on n'en vient pas à un changement essentiel dans l'ordre public. Je ne pense pas qu'une semblable illusion puisse atteindre un aussi bon esprit, elle seroit funeste et l'on en reviendroit par des coups de tonnerre.

Chaque parti n'agrée sa position, que comme un provisoire, or si j'ai mis à jour, comme je crois l'avoir fait ici et dans mon livre, les véritables causes des maux qui nous ont agité et qui nous agiteront encore, si nous n'y prenons garde, si j'ai indiqué les remèdes à ces causes de tant de maux, encore inévitables avec l'ordre

* NB. Lorsque j'écrivois ceci, je n'avois aucune donnée, sur ce qui se passoit à Paris.

actuel, si ces causes résident dans la division; opérons donc la réunion des intérêts à tout prix et ne craignons pas de froisser quelques amours propres, pour parvenir à un aussi grand but.

On se contente dans ce moment-ci de menacer de part et d'autre, le ministère, mais le renversement du ministère, me paroît un acheminement à celui de la dynastie et le signal de toutes les réactions, qui vont encore s'appesantir sur nous, parce qu'on n'aura pas voulu conçevoir la nécessité de la restauration, que les gens sensés ne peuvent cesser de provoquer; et qu'il seroit heureux de voir arriver, par la révision de la charte, avant l'auguste cérémonie qui se prépare.

Le Gouvernement s'abuseroit donc, s'il croyoit pouvoir éviter les révolutions, par tout autre moyen que par l'organisation de la vie politique de la majorité, et il doit être convaincu, comme tous ceux qui prennent intérêt à la chose publique, qu'il n'y a d'état fixe à espérer parmi nous, qu'en faisant entrer la majorité dans la cité dont elle est réellement exclue, dans l'état actuel des choses.

Jamais la confiance ne pourra s'établir entre cette majorité, les émigrés et leurs adhérens, par aucun autre moyen que le baptême civique proposé. Ceux-ci ne pouvant cesser d'intriguer pour éloigner et réasservir cette majorité, et ceux-là ne pouvant cesser de craindre les entreprises d'une minorité organisée, tandis qu'ils n'ont aucune garantie dans les institutions, aucune stipulation précise de leurs droits.

Souvenons nous que toutes les meilleures dispositions partielles sont inutiles ou de peu d'effets, là où les dispositions générales sont vicieuses.

La véritable question, qui doit s'agiter parmi nous, est celle de savoir si nous continuerons à être régis sur la base de la division des intérêts, ou si nous serons régis sur celle de l'unité de ces mêmes intérêts: suivant les prétentions et les usurpations de la minorité, mieux dissimulées, ou suivant les droits de la majorité mieux reconnus et mieux stipulés.

Observons que telle est la foiblesse de l'entendement humain, que quoique ce soit vers l'unité d'intérêt que la raison humaine semble graviter principalement dès avant, mais surtout pendant toute la révolution, ce but n'a cependant encore été énoncé que vaguement, sous le nom d'égalité des droits, laquelle ne sauroit avoir lieu que par l'unité d'intérêt; or les moyens de parvenir à cette précieuse unité, n'ont été examinés et discutés positivement que dans l'ouvrage que j'ai l'honneur de vous transmettre.

Je dois ajouter que telle a du moins été la foiblesse de mon intelligence, que quoique j'aie erré dès le commencement de cette révolution, autour de ces idées, ce n'est qu'après de longues méditations, que je suis parvenu à m'en rendre compte positivement, et à les énoncer aussi clairement, que j'ai tâché de le faire dans mes Considérations et dans ces pièces accessoires, dans lesquelles j'en présente l'analyse.

Cependant ces vérités existent, nous ne les créons pas, nous les trouvons telles, et elles influent sur nos destinées, indépendamment de notre volonté, et des institutions qui les contrarient et qui sont les causes de nos révolutions. Elles constituent la nécessité morale et politique qui nous régit à notre insu, nous n'avons de mérite que celui de les reconnoître, de les proclamer, et de nous conformer à leurs conséquences immédiates et légitimes. Le Prince et le Gouvernement voudroient donc en vain les négliger, elles influeroient sur nos futures destinées, aujourd'hui qu'elles sont explicitement connues; comme elles ont influé sur nos destinées actuelles, lorsqu'elles ne l'étoient qu'implicitement; et le corps social ne peut plus reposer sur une base stable et équitable, ce qui est synonime, qu'autant qu'il reposera sur une institution qui les mette en action.

Ces questions que j'ai agitées ne peuvent donc que gagner infiniment à être mises à la discussion générale, en présence de la nation et de l'opinion publique, avant d'être soumises à la délibération de ceux qui devront en décider.

Voilà ce que j'ai espéré que vous apperceviez, Messieurs, dans mon ouvrage, si vous vouliez bien prendre la peine de le lire, avec attention; et puisque ces choses sont vraies, indépendamment de toutes les conventions et de toutes les stipulations contraires que peuvent invoquer les minorités, j'ai pensé qu'il suffiroit de les mettre à jour, pour que le Gouvernement, le plus intéressé à l'ordre et à la justice envers tous, s'en saisit avec empressement, et s'occupât nuit et jour du soin de les mettre en action, avec d'autant plus de raison, qu'il est sûr d'obtenir par là, l'assentiment de la nation la plus loyale et la plus éclairée, quelqu'aient été les excès de quelques unes de ses minorités.

J'ai cru que la pensée de démontrer aux peuples et aux princes que l'institution de tout patriciat, étoit la plus horrible institution, qu'aient pu inventer et consacrer nos penchans antisociaux, qu'elle étoit autant en opposition avec les intérêts bien entendus des princes et des peuples, qu'elle étoit la source de tous nos vices, de toute notre corruption, de tous nos malheurs et de toutes nos révolutions; j'ai cru que cette pensée étoit assez fondamentale dans la politique considérée comme science, ou comme connoissance démontrée, pour mériter et attirer toute l'attention des penseurs et des amis de la liberté.

Si je ne me suis pas trompé, si j'ai rempli ma pensée, j'ai si non découvert, au moins fait sortir des vérités importantes, de l'obscurité dans laquelle on s'efforce de les retenir. Il me paroit important de les proclamer et de les ramener sans cesse à l'attention.

Car enfin, ainsi que je l'ai dit, si la discorde en personne se présentoit pour donner des lois aux nations, comment pourroit-elle s'y prendre mieux pour éterniser son empire, que de le placer sous la garantie de nos penchans les plus effrénés, les plus antisociaux. (Voy. Chap. IV.)

Ainsi la justice et la raison placent le législateur honnête homme, qui veut la concorde, la stabilité et le bien général, dans la nécessité de diviser la nation qu'il organise, non par classes, mais par tribus, sans cela nos révolutions ne finiront jamais. Ici le législateur n'est plus libre, sa route lui est tracée par la nécessité morale et politique, résultante des moyennes proportionnelles indiquées, l'organisation des nations par tribus, en est une conséquence légitime, immédiate et nécessaire.

Si ces principes ou ces considérations ne sont point trop métaphysiques, si elles sont absolument vraies, tous les efforts des Princes et des Gouvernemens, s'ils veulent dominer leur nation par la justice, prouver que c'est en eux que réside le summum des lumières de leur siècle, ne doivent-ils pas tendre ainsi que je viens de le dire, à mettre en action leurs conséquences immédiates et légitimes, que s'ils se laissent détourner de ce but généreux, par des considérations

considérations secondaires, ils restent au-dessous de leurs fonctions, et de la mission que leur commandent les circonstances où ils se trouvent, et leur intérêt personnel bien entendu, et de beaucoup d'années et de beaucoup de vérités.

Si de ces vérités spéculatives ou de précision analytique, nous passons aux applications que leur fournit l'état actuel des choses en France ; n'est-il pas évident, si nous ne voulons rien dissimuler, que nous pouvons dire au Prince et au Gouvernement actuel : Vous êtes en butte, et vous devez nécessairement et personnellement être attaqués corps à corps, par deux partis extrêmes, qui se plaignent avec raison que l'on ne fait pas assez pour chacun d'eux, et qui veulent renverser un pareil systême, comme n'étant point assez favorable, ni à l'un, ni à l'autre; votre position est donc d'autant plus fausse et plus fâcheuse, que vous ne pouvez avoir pour vous que cette opinion si décriée des gens du centre, qui appartient toujours à celui des partis qui s'empare de l'autorité, vous croyez peut-être beaucoup faire en vous maintenant à leur aide entre ces deux partis extrêmes, par un mouvement de bascule qui durera autant qu'il pourra; mais la suite naturelle inévitable de cette position, est qu'il se trouve dans l'un ou l'autre de ces partis extrêmes, quelque athlète vigoureux qui renverse le parti opposé, et avec lui au moins le ministère, qui lui prêtoit un appui toujours équivoque.

Qu'arrivera-t-il, si c'est le parti réellement le plus foible qui l'emporte momentanément, il n'y aura peut-être que le ministère de renversé, mais la réaction, plus ou moins prochaine, et plus ou moins furieuse du parti réellement le plus fort, devient inévitable. A cette fois le ministère et la dynastie seront nécessairement renversés, et la dynastie tartare s'assied sur le trône à condition de débarrasser la nation de la minorité qui aura rendu son intervention nécessaire. Telle est la marche infaillible des choses, parce qu'on n'aura pas su, ou qu'on n'aura pas voulu remédier à cette division d'intérêts, que je tâche de signaler ici de tant de manières.

Ces attaques d'un côté, ces résistances de l'autre, sont, je ne cesserai de le répéter, la suite directe, immédiate et nécessaire de l'art. 71, si malheureusement intercallé dans la charte, et l'on ne peut abroger l'art. 71 sans lui substituer l'institution ou l'organisation de la majorité. Car la nation ne peut cesser de réclamer les garanties de la liberté.

Cette organisation est nécessaire dans l'état actuel de nos lumières et de notre civilisation. La véritable question de droit, qui doit s'agiter de nos jours est donc celle de savoir, si l'ordre social doit être régi suivant le régime de la division ou de l'unité des intérêts, ou s'il doit être divisé par classes ou par tribus. Je crois avoir démontré les avantages et les inconvéniens de l'un et de l'autre.

La seule question que le Gouvernement ait à résoudre, c'est celle de savoir s'il lui convient de diriger cette opération, ou s'il veut, pour s'épargner ces soins et cet ennui, attendre qu'elle se fasse d'elle-même, et s'en remettre à cet égard au hazard des événemens. Mais alors on peut être assuré qu'elle se fera au milieu des secousses et des tremblemens de terre.

Le Gouvernement s'abuseroit donc, s'il espéroit qu'à force d'art, de talens et de tours d'équilibre, il évitera ces extrémités, et je ne vois pas à quoi bon il se proposeroit un pareil but, aussi essentiellement contraire à ses intérêts bien entendus qu'à ceux de la nation et de la justice.

Tel doit être l'objet des réflexions et des méditations perpétuelles du prince et du ministère, si le bonheur de la nation, et la sécurité de la dynastie, sont de quelque prix à leurs yeux, si le Prince aspire aux titres de législateur, restaurateur de la civilisation, et bienfaiteur des nations de l'Europe.

Voilà ce qui peut placer votre législature, Messieurs, le ministère et le règne de sa Majesté, hors de la ligne des règnes et des administrations vulgaires, voilà ce que j'ai espéré que l'on appercevroit, si l'on vouloit bien lire mon ouvrage avec quelque attention.

C'est aussi dans ce but que j'ai l'honneur de vous adresser l'analyse de cet ouvrage, parce qu'on a pu en présenter au public des notions qui ne rendent pas aussi fidèlement ma pensée.

Dans l'état actuel des choses, le Gouvernement n'ayant pas les partis pour lui; il n'a rien de mieux à faire que de s'en créer un, qui soit exclusivement le sien et celui du Prince; or il le peut en organisant la majorité, dont le parti fera immédiatement tomber celui des deux extrêmes. Ces extrêmes ne peuvent cesser d'agir et de réagir plus ou moins sourdement ou plus ou moins ouvertement contre le ministère auquel ils ne peuvent inspirer aucune confiance, parcequ'il ne peut cesser lui-même d'agir contre ces partis, ou de favoriser tantôt l'un, tantôt l'autre. Or on épluche tous ces mouvemens de bascule qui doivent aboutir, où aboutissent toutes les divisions, à une catastrophe.

L'organisation de la majorité, est donc le grand coup d'état que doit méditer le Gouvernement, et ce qui doit consolider à jamais parmi nous l'ordre, le Prince et la dynastie ainsi que le ministère dans lequel il aura placé sa confiance. Ce coup d'état est d'autant plus beau, d'autant plus magnifique, qu'il est plus conforme à la justice et à la raison.

Par là le Gouvernement est sûr de mener devant lui la nation, le siècle et l'Europe, ce à quoi on ne parviendra jamais par les petites ruses ordinaires, les tours de passe-passe, et l'on restera en arrière du siècle, et de beaucoup d'années et de beaucoup de vérités.

Le parti des anciens patriotes et celui de l'ancienne armée, ne peut pas accorder la moindre confiance à celui des émigrés et de leurs adhérens, comme celui des émigrés n'en veut point avoir dans celui des premiers. Ces deux nations ne peuvent plus n'en faire qu'une, tant qu'elles resteront ce qu'elles sont. L'ancienne armée a été trop outragée, et l'on partage trop ses ressentimens, dont l'émigration seule est l'objet, car c'est à eux seuls, et à leurs adhérens qu'elle a été sacrifiée.

Ceux qui pourroient feindre qu'ils redoutent la démagogie dans une semblable organisation de la majorité, devront être considérés comme n'ayant aucune idée d'un Gouvernement basé sur l'unité d'intérêt, ou comme ayant leurs arrières pensées et leurs vues personnelles en défendant une semblable opinion; je leur ai déjà répondu d'avance dans mon ouvrage, et je me réserve de leur répondre, s'ils croient pouvoir motiver encore leur dissentiment.

Si le Gouvernement veut s'assurer de la puissante influence que ces vues exerceront sur l'immense majorité, qu'il tente à l'occasion de la réorganisation de ces municipalités, réclamée de toute part, quelques démarches publiques en leur faveur, et il verra par l'assentiment qu'elles obtiendront, ce qu'il peut en espérer et en attendre.

Que signifient en effet nos quarante-quatre mille municipalités, une par village et par hameau, tandis que nous ne pouvons pas avoir plus de cinq à six mille centenies au plus.

Le Prince en organisant ces centenies et ces millénies ne se montre-t-il pas au niveau de son siècle, et ne se présente-t-il pas comme législateur, aux yeux de l'Europe et de la postérité, il fait disparoître ces divisions départementales, fruits d'une révolution incomplète, puisqu'elle ne nous a pas ramené à l'unité d'intérêt, il organise la vie politique de la majorité; il imposera donc à cette révolution le sceau du génie législatif, en nous ramenant à cette unité, après laquelle tout le monde doit soupirer; il supprimera ces préfectures qui soulèvent tous les bons esprits, et confondra tous les intérêts, tous les partis dans le sien, dans celui de la majorité, de l'ordre et de la justice envers tous.

Veuillez donc bien, Messieurs, prendre en considération ces observations et le livre ci-joint, en les recommandant à l'attention du Prince et du ministère, notre sécurité, celle du Gouvernement dépendent de cette organisation de la vie politique de la majorité, car ce n'est pas nous qui gouvernons les hommes, ils sont régis et gouvernés par les moyennes proportionnelles, et par les lois de la nécessité morale et politique que j'ai tâché de leur révéler.

Tout est démontré en fait de Gouvernement et nous ne pouvons pas douter que la tendance générale de la nation, ne soit pour être comprise d'une manière explicite et positive dans la cité dont un parti veut l'exclure.

Je ne doute pas, si les partis arrivent jusqu'à culbuter le ministère, que bientôt après il n'y ait de violentes réactions, or c'est ce qui ne pourra jamais avoir lieu, si une fois la majorité est organisée, et forme comme il n'y aura plus lieu d'en douter, le parti du Prince et du ministère, l'on verra ainsi sortir de cette position si fâcheuse actuellement du Prince et de la Nation, le meilleur système de législation et d'organisation sociale, auquel on soit encore parvenu.

Voilà ce que j'ai dit au Prince et au ministère, et ce que je ne puis m'empêcher de répéter à tous les dépositaires du pouvoir et des intérêts de la nation. En deux mots: il faut en venir à une organisation par tribus, puisque l'organisation par classes est incompatible avec la morale, le bon ordre, la justice et la raison, ainsi que je crois l'avoir demontré, quelques soient les préjugés contraires reçus, et aveuglément ou effrontément défendus, par un parti absurde qui a causé tous nos maux, et qui les renouvellera, si on ne détruit pas leurs prétentions et leur frêle soutien.

Il ne faut pas que l'espèce vieillisse sans que les résultats de l'expérience et de la réflexion, soient de quelque fruit pour elle.

Tout le monde sait pourquoi le peuple français a voulu la révolution, j'ai tâché de démontrer pourquoi le législateur a dû et doit la vouloir.

Tout le monde veut voir finir cette révolution, chacun voudroit se persuader qu'elle l'est; je crois avoir démontré les seuls moyens, par lesquels on peut la terminer.

En définitif, je crois avoir prouvé dans cet ouvrage, que l'état actuel des sociétés en Europe, est en opposition avec ce que les moyennes proportionnelles morales et politiques, la justice envers tous, le bien général et individuel exigent pour chacune de ces associations politiques, et pour chacun des individus qui les composent.

Qu'elles ne peuvent revenir à un état de chose plus stable et plus permanent, que par l'organisation des majorités, et la stipulation plus précise des droits de tous et de chacun.

Que l'organisation suivant le régime de la division des intérêts, est la cause directe et immédiate, de tous nos vices, de toute notre corruption.

Qu'elle donne à tous nos Gouvernemens modernes, l'orgueil et l'avarice pour ressorts.

Qu'elle fait de l'opprobre et de la misère, le partage de la portion la plus nombreuse des citoyens.

Que le législateur éclairé et honnête homme, ne peut supporter plus longtems un pareil ordre de chose.

Donc si nous voulons la stabilité et le bien général, nous devons revenir à l'organisation par tribus.

Les nations organisées par tribus sont indestructibles.

L'organisation par tribus est une véritable organisation de familles, elle donne pour ressorts au Gouvernement et à l'association politique les vertus publiques et privées.

On ne peut fonder l'égalité des droits sur la division des intérêts.

Il n'y a de Gouvernement légitime, que celui qui est fondé sur l'unité d'intérêt, sans laquelle il ne peut y avoir de justice envers tous.

Les majorités ne peuvent rester plus long-tems privées de l'exercice de leurs droits que par l'asservissement.

Or l'asservissement n'est pas la justice.

Il n'y a rien de pire dans un état que des droits mal définis, mal déterminés.

On ne devient citoyen, qu'autant qu'on est membre compté et pesé de la cité.

Tels sont les principaux objets de ces Considérations: c'est à vous qu'il appartient de décider, Messieurs, si j'ai atteint les divers buts, que je me suis proposé.

Veuillez bien agréer, Messieurs, mes respectueux hommages et les voeux sincères, que je forme pour les succès de vos travaux.

Votre dévoué Serviteur et Concitoyen,

Masuyer.

OBSERVATIONS PRÉLIMINAIRES

Sur cette Adresse et sur l'Improbation sans motifs, dont elle a été frappée.

Je me crois fondé à dire, d'après ce qu'on vient de lire: que le rapporteur de la commission, n'avoit pas lu l'adresse dont il s'étoit chargé de rendre compte, et encore moins le livre qu'elle accompagnoit, ou que s'il les avoit lu, il ne les avoit pas mieux entendu, que le savant publiciste de la chambre, qui suivant la gazette de France du 4 Avril a entrepris de répondre aux observations préliminaires que j'ai fait imprimer sur ce fameux ordre du jour.

Voici le texte de ces observations préliminaires sur lesquelles cet honorable membre de la chambre des Députés, a cru devoir faire ses savantes objections. On trouvera à la suite de ce texte mes réfutations du prétendu publiciste de la chambre, et du préambule de cette gazette de France du 4 Avril.

THÈSES

de droit public et naturel avancées et soutenues soit implicitement soit explicitement et avec grands développemens de preuves par l'auteur des Considérations sur l'état actuel des Sociétés en Europe, tant dans cet ouvrage que dans son adresse à la chambre des Députés, si maltraitée par M.

le rapporteur de la commission des pétitions et adresses.

1.° L'association politique n'a lieu et ne peut avoir lieu que pour le bien de tous.

2.° Elle ne peut se soutenir sans troubles, sans désordres, et sans injustice, qu'autant qu'elle marche vers ce but.

3.° Le bien de tous ne peut exister que par la justice envers tous.

4.° La justice envers tous ne peut avoir lieu que par l'unité d'intérêts.

5.° On ne peut pas fonder l'égalité des droits sur la division des intérêts.

6.° La moyenne proportionnelle morale et politique de toute division des intérêts *c'est le trouble.*

7.° La division de l'association politique par classe, organise la division des intérêts.

8.° La division de l'association politique par tribus, organise l'unité d'intérêt.

9.° Les nations organisées par tribus, sont indestructibles.

10.° La division de l'association politique par classe n'a eu lieu que dans les tems de conquête et de barbarie.

11.° Elle ne peut se maintenir que par l'ignorance des moyennes proportionnelles morales et politiques qui doivent régir les nations.

12.° L'ignorance et la conquête ou la violence ne font jamais droit.

13.° C'est Dieu lui-même qui a voulu que les conventions fussent l'origine de toute autorité, de tout droit légitime parmi les hommes.

14.° La révolution française n'a été entreprise que pour obtenir le redressement des torts, que l'ignorance et la barbarie ont fait éprouver aux différentes associations politiques.

15.° Tant que l'homme n'a pas été égaré par ses passions, il s'est gouverné sur la base de l'unité d'intérêts, ainsi que le prouve l'examen réfléchi des neuf premiers périodes de la civilisation.

16.° Il n'y a de gouvernement stable et légitime que celui qui repose sur cette base de l'unité d'intérêts.

17.° Le dixième période de la civilisation ou celui des conquêtes, de l'ignorance, de la barbarie et de la division des intérêts, est celui où l'homme a été le plus malheureux.

18.° Le onzième période ou celui où l'esprit humain cherche à revenir à l'unité d'intérêts, et à l'égalité des droits, ne peut se prolonger, et être ensanglanté, comme il l'a été jusqu'ici que par l'ignorance des uns et la perversité des autres.

19.° L'ignorance nous a fait plus de mal encore que la perversité.

20.° Il faut que ceci finisse par le raisonnement.

21.° Le législateur éclairé et homme de bien, ne peut trop se hâter de ramener l'association politique à l'unité d'intérêts et à l'égalité des droits, si fortement réclamés de toute part et promise par les art. 1 et 3 de la charte.

Telles sont quelques unes des principales thèses que je crois avoir solidement établies, tant dans mon ouvrage que dans mon adresse si horriblement défigurée par M. le Rapporteur de la commission.

Voici quelques uns des corollaires que j'ai cru et je crois devoir en déduire.

Corollaires de ces vingt premières thèses ou moyennes proportionnelles morales et politiques, que nous prenons pour des vérités axiomatiques, dont nous croyons avoir suffisamment démontré l'évidence.

1.° Si l'association politique ne peut avoir lieu que pour et par le bien de tous, sans quoi elle cesse d'être une association et devient un état de guerre sourde ou ouverte, comme parmi nous; il s'en suit que nous devons éliminer avec soin de nos lois tout ce qui tend à faire prévaloir le bien particulier ou la division des intérêts, sur le bien général ou la justice envers tous.

Or la division de la société par classes, tend à faire prévaloir le bien particulier ou de quelques uns, sur le bien de tous: donc nous devons éliminer avec soin tout ce qui tend à établir ou à maintenir la division par classes.

2.° Si la division de l'association politique par classe, n'a eu lieu que dans les tems d'ignorance, de barbarie et de conquête, nous ne pouvons terminer notre révolution qu'en effaçant toutes les traces de cette horrible division des intérêts, qui nous dévore encore après trente ans d'une révolution entreprise uniquement pour nous ramener à l'unité d'intérêts.

3.° Il y a division des intérêts chez une nation dont une portion ose appeler la loi des élections et celle du recrutement des lois trop démocratiques, car il suit de là, que cette portion se contemple comme la portion aristocratique et par conséquent traite l'autre portion de démocrates.

4.° J'ai démontré dans mon ouvrage et dans mon adresse, l'absurdité et les inconvéniens de ces dénominations dont quelques esprits peu éclairés osent encore se servir de nos jours.

Il n'y a ni aristocratie ni démocratie dans une nation divisée par tribus de propriétaires et de non propriétaires.

5.° Ce n'est pas mon adresse qui est la cause de cette division ni de ces duels si fréquens qui font gémir les hommes sensés, de ces duels qui nous menacent de combats plus généraux. Leur véritable cause est la division des intérêts qui règne parmi nous. Donc le législateur doit s'occuper sérieusement de faire entièrement disparoître cette cause de tant de maux, parmi nous.

Tel est le véritable esprit de mon livre et de mon adresse.

Maintenant je le demande à tous les hommes sensés dont se compose la nation, un pareil livre et une pareille adresse peuvent-ils être considérés comme rédigés dans un mauvais esprit.

On me dira que l'art. 71 n'organise point la division des intérêts ni l'inégalité des droits; fort bien: mais est-ce moi qui suis la cause, de ce qu'un certain parti puise dans cet article sa force et sa résistance aux lois des élections et du recrutement, et prend le nom d'hommes monarchiques: est-ce moi qui suis la cause de ce qu'il appèle gouverner dans le sens des intérêts révolutionnaires tout ce qui tend à nous ramener à l'unité d'intérêts et veut absolument se substituer aux prétendus droits de nos fiers et barbares conquérans.

Quoi j'aurai signalé l'écueil, indiqué la manoeuvre, et je serai la cause du naufrage.

6.° Quel moyen plus légitime ai-je pu prendre, que celui de porter la série de ces démonstrations et d'un grand nombre d'autres, devant le Prince législateur qui nous gouverne, et de les soumettre à l'examen et à la discussion de la chambre des Députés, en les priant de prendre en considérations, ces véritables causes de tous nos maux passés et futurs.

La commission des pétitions a rejeté une conséquence sans avoir réfuté les prémisses. Est-ce ainsi que l'on peut raisonner en bonne logique.

La

7.° La commission des pétitions n'a-t-elle pas dû voir dans la série de mes démonstrations des raisons de douter et traiter cette question de l'unité ou de la division des intérêts, comme je l'ai traitée moi-même sous le rapport d'une question préjugée par les notions qui nous ont été transmises par dix siècles d'ignorance et de barbarie, dont nous sortons à peine, comme une question non pas encore suffisamment éclaircie, et a-t-elle pu crier à la subversion de l'ordre, lorsque c'est à la chambre que je m'adresse?

8.° N'a-t-elle pas dû joindre mon adresse à mon ouvrage, pour être pris en considération, en tems et lieu, comme je le demandois?

Car le véritable état de la question étoit de savoir si j'avois bien prouvé, comme je le crois, que l'on doit enfin ramener l'association politique à l'unité d'intérêt, puisque la division des intérêts nous a été si funeste jusqu'ici, et non si dans ma conviction, j'ai proposé de réviser un article d'une loi qui ne m'a pas paru en harmonie avec deux autres articles de la même loi.

9.° Est-ce par un ordre du jour que l'on répond à une série de démonstrations aussi solidement établies que celles dont je suis parti.

On a cherché à prouver que la monarchie ne peut exister que par et pour la division des intérêts; je crois avoir solidement prouvé le contraire, contre l'opinion de quelques hommes pervers ou prétendus monarchiques, qui ne veulent stipuler que pour eux, qui veulent toujours repousser des droits de cité toute la classe ouvrière et industrieuse, et qui prétendent que la monarchie ne peut s'asseoir que sur la division des intérêts.

Ils ne conçoivent l'ordre que dans l'asservissement des classes dites inférieures, mais l'asservissement n'est pas la justice. Quoi nous voulons la concorde et l'union, et nous organisons la division et le trouble.

Est-ce moi qui donne un grand scandale à la France en repoussant ainsi des vérités de précision analytique immortelles, comme la justice.

Du reste les pièces de ce procès vont être imprimées, je l'espère, car je fais demander à la chambre une copie de mon adresse cotée et paraphée *ne varietur*, et je me contenterai d'en appeler à l'opinion publique sur le bien jugé de la commission.

Je l'ai dit et je le répète, c'est la division des intérêts qui existe parmi nous qui nous perd ; faisons donc cesser à tout prix, cette division des intérêts; tel a été, tel est le but de mes recherches. Organisons donc des tribus, puisqu'elles organisent l'unité d'intérêts; voilà mon dernier corollaire.

Quoi j'aurai cherché dans la nature même de l'association politique les remèdes à nos maux, et je serai condamné sans être lu ni entendu, comme un perturbateur, comme un mauvais esprit? c'est ainsi qu'on condamna Montesquieu, comme l'immortel auteur du Contrat social, qu'un aveugle parti voudroit encore proscrire: je répèterai donc avec Ovide et avec ce dernier, *Barbarus hic ego qui non intelligor illis.*

OBSERVATIONS ULTÉRIEURES
et réponses à quelques objections.

VOILA ce que j'ai dit dans mes observations préliminaires, sur l'ordre du jour, dont on a cru pouvoir frapper mon adresse, comme si l'on pouvoit anéantir par un ordre du jour, des vérités de précision analitique.

Or maintenant voici l'article de la gazette de France du 4 Avril, et comment le prétendu publiciste de la chambre, répond à ces thèses et aux corollaires que j'en ait déduit.

„ Nos lecteurs ont pu remarquer (dit la gazette „ de France du 4 Avril) dans le compte que nous „ avons rendu des séances de la chambre des Dé„ putés, pendant le mois dernier, la mention „ qui fut faite de la *pétition** d'un M.r MASUYER „ auteur d'un ouvrage intitulé: *Considérations*

* C'est adresse qu'il falloit dire, les *pétitions* ont pour but des intérêts particuliers, les adresses ont pour objet des intérêts généraux. Je n'ai rien demandé à la chambre.

„ *sur l'état actuel des sociétés en Europe* et
„ qui *demandoit la suppression des classes privilégiées.* La chambre passa à l'ordre du jour sur cette pétition d'après les conclusions de la commission, qui exprimoit en termes assez formels, son improbation *des principes** qui avoient dicté cet écrit. L'auteur ne s'est pas soumis à cette décision; plein de confiance dans son opinion, il a fait de nouveaux efforts pour la développer et la soutenir: c'est dans ce but qu'il a publié une thèse en 21 articles, avec ses corollaires dans laquelle il livre toute sa doctrine à l'examen de la critique. Il y a sans doute beaucoup de bonne foi dans cette publication, elle prouve du moins que l'auteur n'est coupable que d'une faute de logique** et cette ingénuité suffit pour empêcher qu'il ne soit confondu avec les écrivains, dont le but est peut-être semblable au sien, mais qui se gardent bien d'y marcher à découvert, et de livrer comme lui leurs opinions à la lumière de l'analyse. C'est assurément une bonne fortune pour ceux qui professent *l'opinion con-*

---

* Pour improuver des principes, il faut que ces principes soient répréhensibles; or la commission n'en a réfuté aucun, et le prétendu publiciste de la chambre n'a pas été plus heureux.

** On verra ci-après de quel côté sont les fautes de logique.

„ *traire** que ces téméraires provocations des „ enfans perdus des partis. Ils y trouvent le „ moyen de combattre *avec succès* des doctrines, „ qui, semblables aux fantômes, ne sont effray- „ antes que dans l'ombre, et les gens impartiaux „ ne peuvent que gagner à voir les argumens „ opposés, présentés avec franchise, et débattus „ en quelque sorte contradictoirement.** "

„ Ces réflexions nous ont fait croire que la „ thèse de M.r MASUYER, pourroit être utilement „ reproduite ici, avec les observations qu'elle a „ suggérées à *un publiciste* qui nous est inconnu, „ mais dont nous déclarons partager la manière „ de voir. L'exemplaire sur lequel ces obser- „ vations se trouvent écrites en marge, a été „ trouvé dans *l'enceinte de la* chambre des Dé- „ putés, sur l'extrêmité droite d'un des bancs „ du centre. "

Art. 1.er C'est vrai.

— 2.e C'est vrai.

— 3.e Au mot *la justice envers tous*, le savant publiciste ajoute: *même envers les propriétaires*; pourquoi M.r le publiciste supposeroit-il qu'ils sont exceptés?

---

* Il y a donc des gens en France qui professent une opinion contraire à celle de l'unité d'intérêt, et par conséquent de l'égalité des droits; il y a donc de l'aveu de ces Messieurs un parti aristocratique. etc. etc.

** Voilà ce que nous adoptons entièrement.

Art. 4, au mot *par l'unité d'intérêt*, le savant publiciste dit: *ici commence l'erreur.* Ainsi c'est une erreur suivant lui, de dire qu'il n'est point de cause plus directe, plus immédiate, plus permanente de partialité et d'injustices, que la division des intérêts.

„ On conçoit, dit-il, l'existence d'un intérêt „ social qui réunit tous les membres d'une cité, „ mais on ne conçoit nullement, qu'il n'y ait „ que ce seul intérêt. " Quel effort de conception! qui est-ce qui a dit, que chaque individu ne conservoit pas un intérêt propre qu'il peut tâcher de réaliser et de faire valoir, tant qu'il ne porte pas atteinte à l'intérêt général.

Art. 5. A cet article, au mot: *on ne peut fonder l'égalité des droits sur la division des intérêts:* l'auteur répond: *pourquoi non, des intérêts divers peuvent bien être égaux en droit*, quoi vous voulez rendre égaux en droit, des intérêts divers du bien ou de l'intérêt général, quoi l'on doit admettre dans une société bien organisée des intérêts distincts de ce bien général. Quel publiciste! voilà encore un de nos faiseurs de tours d'équilibre, mais ces Messieurs, ne sont pas encore parvenus à la solution du problême qu'ils cherchent. Grâces à ces équilibristes, nos divisions intestines sont encore à leur premier pas, et elles finiront comme à Rome, par la perte de la république aristocratique, comme de la république démocratique, qui ne peuvent qu'aboutir à la tyrannie, voilà où nous mènent tous ces faiseurs de tours d'équilibre; y a t-il jamais eu équilibre, entre des intérêts si opposés; l'un des deux partis n'a-t-il pas toujours opprimé l'autre, où et quand avez-vous vu cet équilibre?

Art. 6. A l'article 6, notre savant publiciste ne répond rien, pas même *cela est vrai*, cela l'auroit mené trop loin, mais il n'a pas osé dire le contraire.

Art. 7 et 8. Le publiciste dit: *erreur, les tribus riches auront un autre intérêt que les tribus pauvres.* Ah! M.r le publiciste, pour cette fois vous voilà bien convaincu de n'avoir pas lu, ni le livre, ni l'adresse que vous prétendez réfuter, car dans l'organisation sociale suivant l'unité d'intérêt, telle que je la propose, il ne peut y avoir des tribus riches, ni des tribus pauvres. Elles seront toutes nécessairement aussi riches ou aussi pauvres les unes que les autres, quand ce ne seroit pas *nummismatiquement*, ce seroit à raison de leurs moyens également sûrs et infaillibles, de se procurer les choses nécessaires aux besoins, et aux agrémens de la vie, la propriété et l'industrie, et quand une tribu de Normandie auroit en valeurs métalliques un million de plus, qu'une tribu en Auvergne, les droits et les intérêts politiques, de l'une ne seroient pas moins identiques avec l'autre; leurs moyens d'existence seroient les mêmes.

Art. 9. Quant à l'art. 9, le prétendu publiciste de la chambre dit simplement: *demandez aux Juifs*. Comme cet exemple est bien choisi, les Juifs sont si bien détruits en effet, qu'ils existent partout, non seulement comme Juifs, mais comme de la tribu de Levi, de Jacob ou d'Ephraïm, etc. etc.

De l'art. 9, le publiciste passe à l'art. 15, il ne fait aucune objection, il est donc probable qu'il les admet comme les art. 1, 2 et 6, puisqu'il n'ose les attaquer.

Pour l'art. 15, le prétendu publiciste répond savamment: *quand l'homme n'a-t-il pas eu de passions?* Il a toujours eu en effet celle du bien général de l'association dont il faisoit partie, soit de la famille, soit de la horde, soit de la nation. *Quand n'a-t-il eu qu'un intérêt?* il a toujours su subordonner son intérêt privé à celui de l'association, dont il s'est cru membre, parce que ceci est dans le droit, et dans l'équité, c'est une conséquence immédiate des conventions, soit implicites, soit explicites, qui constituent l'association qu'elle qu'elle soit; et cela est si vrai que les brigands mêmes subordonnent le plus souvent leurs intérêts personnels, à ceux de l'association dont ils font partie, puisqu'ils s'exposent et périssent souvent pour elle.

Le prétendu publiciste de la chambre ajoute encore au sujet de cet art. 15: *Qu'est-ce que vos périodes?* voilà donc M.r le publiciste encore une fois convaincu, de n'avoir pas lu ce qu'il prétend réfuter. (V. dans les considérations ce qui concerne les 12 périodes de la civilisation),

De l'art. 15, le prétendu publiciste de la chambre passe à l'art. 21; je ferai à l'égard de ces 5 articles la même observation que relativement à ceux qu'il a accordé ci-dessus.

A l'art. 21, au sujet de l'égalité des droits et de l'unité d'intérêt promis par l'art. 1 et 3 de la charte, et auxquels le législateur doit nous ramener s'il veut l'ordre et la stabilité parmi nous; notre publiciste se récrie: *on diroit que cela dépend du législateur.* Ah! M.r le publiciste, on voit bien que vous ne savez pas ce que c'est que législation et législateur. Cependant vous auriez pu en prendre une idée dans ces Considérations que vous entreprenez de réfuter sans les avoir lues.

Relativement à ce que je dis de mon adresse défigurée par M.r le rapporteur, le publiciste de la chambre répond: *le rapporteur n'a point défiguré l'adresse, il l'a traduite;* quel traducteur! il l'a traduite probablement comme a voulu le faire le prétendu publiciste de la chambre, on a vu jusqu'ici avec quel succès. „ Telle est la „ candeur de l'auteur ajoute-t-il, qu'il a été „ lui même effrayé de son propre ouvrage quand „ il l'a vu dépouillé des formes sophistiques dont il l'avoit revêtu. " On a vu jusqu'ici et l'on verra encore de quel coté sont les sophismes.

1.er Corollaire. A ces mots: *la division par classe tend à faire prévaloir le bien particulier ou de quelques uns sur le bien de tous.* „ Ceci est „ faux, s'écrie le publiciste de la gazette de „ France, pour les Gouvernemens représenta-„ tifs, où les classes sont politiquement égales. “ J'observerai à ce sujet qu'il ne peut y avoir d'égalité politique entre les majorités et les minorités; que du moment où vous organisez une minorité, il faut que vous lui sacrifiez quelque portion, des droits et des intérêts de la majorité, comme parmi nous, où la majorité est exclue des droits de cité, car elle ne compte ni électeurs, ni éligibles. Donc si vous voulez qu'il y ait une minorité, vous constituez deux nations dans une, le peuple conquérant, et le peuple conquis, il ne peut donc y avoir égalité politique entre les majorités et les minorités organisées, puisque la majorité à laquelle on doit toujours tout sacrifier dans le droit, est toujours invariablement sacrifiée dans le fait, là où la loi reconnoit une minorité, il y a donc toujours et nécessairement division d'intérêt entre les majorités et les minorités, *et l'on ne peut fonder l'égalité des droits sur la division des intérêts.*

Donc nous devons, ai-je dit éliminer avec soin, tout ce qui tend à maintenir la division par classe, ou à établir une majorité et une minorité. „ C'est-à-dire, répond le publiciste

„ de la gazette que nous devons éliminer la „ charte. “ Non, M.^r le publiciste, mais de la charte, tout ce qui est en opposition avec les art. 1 et 3, ou tout ce qui tend à établir une minorité. Car la charte révisée est le plus grand bien qui puisse arriver à la France et à la dynastie, et le plus grand des malheurs qui pourra leur arriver, c'est si elle ne l'est pas du vivant du Prince qui l'a donnée, et qui doit la méditer encore après l'avoir vue marcher pendant quelques années. Du reste je retiens encore quelques vérités à cet égard dans mes mains, et je me réserve d'en laisser échapper une en tems et lieux.

Au 2.e corollaire, le publiciste répond: „ il „ n'y a qu'un moyen d'effacer des intérêts, „ c'est de faire périr les hommes qui les re- „ cèlent, ce qui nous rejetteroit dans le Robes- „ pierrisme, et le Robespierrisme, ne fut pas seu- „ lement une atrocité, ce fut une absurdité. “ O savant publiciste! vous êtes donc aussi habile que Robespierre, ou Mr de Montlosier qui veut qu'on les pile dans un mortier. Tout mon livre tend à faire voir comment on peut éviter de tomber dans le jacobinisme des bonnets blancs, comme des bonnets rouges, mais vous ne l'avez pas lu, et je ne sais pas si vous pourrez le lire.

3.e Corollaire. „ Il faut donc recommencer la „ révolution, au risque d'obtenir des résultats

„ pareils. “ C'est à cela que tendent tous les efforts de l'aristocratie parmi nous. C'est pour prévenir de pareils résultats, que j'ai cru devoir montrer la véritable issue à tous nos maux, en montrant le moyen de fermer le cratère des passions aristocratiques et démocratiques qui nous dévoreront encore, si le législateur n'y prend garde, et s'il ne nous ramène pas à l'unité d'intérêt de fait, comme de droit.

„ *L'aristocratie et la démocratie sont des faits*, “ dit le publiciste de la chambre: sans doute, ce sont des faits, résultats nécessaires et funestes, de la plus mauvaise organisation de l'association politique, comme celle qui a eu lieu dans les tems de conquête, lorsque le peuple conquérant, en établissant la division de ses intérêts, de ceux du peuple conquis, a constitué l'aristocratie qui veut encore nous asservir, détruire la loi des élections, celle du recrutement et beaucoup d'autres, qui la gêneroient encore; se substituer enfin aux prétendus droits des conquérans, et traiter le reste de la nation, comme un pays conquis par eux et pour eux.

L'aristocratie est un fait, dit le prétendu publiciste de la chambre, et il en conclud qu'elle est un droit, car suivant lui, le législateur en dépend. Pauvres sciences morales comme vous êtes cultivées, et par qui!

Sans doute l'aristocratie est un fait, elle ne peut même jamais être qu'un fait, car elle ne peut jamais devenir un droit, et lors même qu'une loi plus formelle l'organiseroit sur des bases plus précises, elle ne seroit encore qu'un fait, en opposition avec les moyennes proportionnelles morales et politiques, qui doivent régir les nations, et jamais un droit; car il n'y a de droit que ce qui est conforme à ces principes immuables.

Si Romulus avoit pu prévoir tous les maux qui devoient résulter pour Rome de son patriciat, combien ne se seroit-il pas gardé d'une pareille institution, qui devoit amener la ruine de sa cité chérie, il se seroit donc borné à une division par tribus et par centuries, comme le fit ensuite Servius Tullius, qui paroît avoir voulu y noyer le Sénat. Mais il ne put pas baser ses tribus et ses centuries sur la propriété, foncière, puisque les Romains ne possédoient pas même alors le territoire sur lequel leur ville étoit bâtie. Il n'avoit pas à cet égard, l'expérience que nous fournit sa cité, et toutes celles qui l'ont imité, l'institution de Romulus fut donc funeste au monde que Rome dévasta, et à la civilisation qui voudroit encore marcher sur de semblables traces.

4.e Corollaire. „ Ce ne sont pas les noms „ qui font les choses, dit encore le publiciste, „ au sujet de l'aristocratie et de la démocratie, „ on ne peut que nommer ce qui existe. " Ce n'est pas là la question: c'est de savoir s'il doit y avoir une aristocratie et une démocratie dans un état bien organisé. Or j'ai, je crois avoir suffisamment démontré, tous les inconvéniens, tous les maux inévitables d'une semblable institution, qui donne pour ressorts aux Gouvernemens, l'orgueil et l'avarice, et tous les vices, toute la corruption que ces passions traînent avec elles.

„ Vos tribus de propriétaires seront dirigées „ par l'intérêt de propriété, et vos tribus de „ non propriétaires, seront dirigées par l'intérêt „ de cupidité, vous pourrez bien changer les „ noms, mais nullement la nature des choses. "
On voit encore ici, que le savant publiciste de la chambre n'a pas lu ce qu'il prétend réfuter, car dans l'organisation sociale proposée la propriété n'a pas un intérêt distinct de l'industrie, ni l'industrie un intérêt distinct de celui de la propriété; comme on est bien entre les mains de pareilles gens! le publiciste de la chambre veut encore ici, que ce soit le législateur qui dépende de la division des intérêts.

„ Pour arriver dit-il à cette unité d'intérêt, il „ faudroit commencer par supprimer l'intérêt „ monarchique, l'intérêt aristocratique, et par „ conséquent la chambre des Pairs, il faudroit „ ensuite supprimer *le clergé qui a un intérêt* „ *propre*, il faudroit partager les terres, pour „ généraliser l'intérêt de la propriété, il faudroit „ enfin supprimer tous les hommes qui ne vou- „ droient point de ces suppressions. " O! savant publiciste, que vous êtes profond! quoi pour arriver à l'unité d'intérêt, il faudroit supprimer l'intérêt monarchique? vous ignorez donc que le plus grand intérêt du monarque est dans l'intérêt général, qu'il est identique avec cet intérêt général, qu'il réside essentiellement dans le bien de tous.

Quant à l'intérêt aristocratique, celui-ci ne réside que dans le bien de quelques uns, et le mal de tous, cela est évident, et je l'ai démontré de toutes les manières; et vous qui prétendez plus bas, que la monarchie ne peut s'asseoir en France que sur la division des intérêts, vous ignorez donc que vous en feriez la plus sanglante satyre, si vous n'étiez dans la plus détestable erreur. Vous ignorez donc que la monarchie ne s'est assise en France, qu'en se séparant continuellement de l'intérêt aristocratique, et s'associant toujours et sans cesse à l'intérêt de la majorité, par l'affranchissement des communes, etc. etc.

Vous qui voulez aussi donner au clergé *un intérêt propre*, vous ignorez donc que le domaine du clergé n'est pas de ce monde, voulez vous nous ramener au tems où il disposoit des couronnes, ou à celui où il formoit un ordre dans l'état; les prêtres qui réclament un intérêt de corps dans l'état, sont dignes d'être les complices du conservateur, mais ils ne sont pas les prêtres d'un Dieu de justice et de paix, devant lequel tous les hommes sont égaux. Tous ceux de ces prêtres qui plaident pour les prétendus droits de leurs rites et de leur préeminence, sont des prêtres mondains qui perdent le catholicisme en France, en le montrant à tous les coeurs généreux et patriotes, comme l'auxiliaire de l'épouvantable aristocratie.

Quant au partage des terres, notre publiciste le met ici en avant sans savoir pourquoi, car il est l'antipode de l'institution dont il est question.

6.e Corollaire. Sur ce que j'ai dit: *la commission a rejeté* les conséquences sans réfuter les prémisses. „ Les prémisses, dit le publiciste, „ sont la charte. " Mais M.[r] le publiciste considérez donc, qu'il n'est ici question que de trouver des garanties à cette charte, de montrer les causes d'instabilité qu'elle peut renfermer en elle-même, et d'en assurer la durée en éliminant ces causes d'instabilité, lorsqu'une fois on les aura reconnues et appréciées. Voyez à ce sujet tout ce que j'ai dit ci-dessus et ailleurs. Combien ne seroit-il donc pas avantageux que la charte fut révisée sous les yeux et par l'influence du Prince qui l'a donnée, pour faire tomber toutes les objections que l'on répete contre elle, 1.° qu'elle n'a pas été donnée *in consilio fidelium*. 2.° Qu'elle a été octroyée et non délibérée par la nation, etc. etc.

7e Corollaire „ dix siècles dit le publiciste „ sont bien une autorité: " dites un exemple; mais

mais dix siècles d'ignorance, de barbarie, de rapines et de violences ne sont jamais une autorité.

„ Ce n'est pas la démarche qui est subver-„ sive, ce sont les doctrines. " Comment osez-vous dire que ce sont mes doctrines qui sont subversives, il est démontré que vous ne les avez pas lues, ou que vous ne les entendez pas.

8.e Corollaire. „ Ce n'est pas la division des „ intérêts qui nous a été funeste, c'est leur „ défaut d'équilibre. " Voilà toujours nos faiseurs de tours d'équilibre, quoique comme je l'ai dit, nous puissions marcher de plein pied. Et quand avez-vous vu cet équilibre des intérêts de l'aristocratie et de la démocratie, est-ce lorsque la Jaquerie égorgeoit les Gentilshommes, ou lorsque les Gentilshommes aidés des Allemands, rouoient et écarteloient la Jaquerie, est-ce quand on égorgeoit les Gentilshommes dans les prisons de Corfou, ou sur les échafauds de la révolution? non, c'est quand la masse des nations étoit asservie et décimée, suivant le bon plaisir et vouloir de l'aristocratie.

Aristocratie et démocratie, monstres qui ne vous repaissez que de sang humain; quand est-ce donc que l'on cessera de nous empoisonner de votre venin.*

---

* Voilà le bel avenir que nous prépare notre aristocratie, nous allons être heureux avec ces élémens comme nous le sommes depuis 30 ans; croyez maintenant que

9.ᵉ Corollaire. La monarchie suivant le publiciste, ne peut s'asseoir en France que sur la division des intérêts; cependant il est évident que la monarchie comme tout autre Gouvernement, est mieux assise sur l'unité que sur la division des intérêts.

„ On peut sans perversité et sans hypocri„ sie, ne pas être de l'opinion de l'auteur; " dit le publiciste: sans doute, mais il y a toujours hypocrisie et perversité, lorsqu'on nie des vérités dont on reconnoit en soi-même l'évi-

---

toutes leurs déclamations monarchiques sont en faveur de la royauté. Encore un conservateur ou une quotidienne et nous verrons des pères Duchesne et des amis du peuple, à les entendre ils défendent la monarchie que personne ne songe à attaquer, mais ils relèvent autant qu'ils peuvent, la tête hideuse de l'aristocratie, contre le texte de la charte et l'intention manifeste de son illustre auteur, sans s'embarrasser, si en reconstituant l'aristocratie, ils ne rétablissent pas immédiatement la démocratie, et si en se livrant aux fureurs de l'une, ils ne reveilleront pas les fureurs de l'autre.

Ils osent proposer le rétablissement des grandes propriétés; telle est l'épouvantable restauration qu'ils méditent encore au 19.ᵉ siècle. Des palais et des chaumières, voilà ce qu'il faut à ces âmes cannibales, ils ne voient pas s'élever une maison bourgeoise sans frémir, l'honneur de leur protection et le pain de leur aumône: voilà tout ce que doivent prétendre les humbles habitans de ces mille chaumières, qui environneront à de grandes distances leurs palais: à combien d'horreur ne peut-on pas s'attendre de la part des gens qui nourrissent de pareilles idées. Voilà ce que l'on avoit toujours présagé

dence, et c'est en cela que consiste la perversité de l'aristocratie.

9.e Corollaire même. Au mot: *l'ordre dans l'asservissement.* „ Non, mais dans l'équilibre „ de toutes les classes transformées en pouvoir. " Eternels faiseurs de tours d'équilibre, vous faites semblant de chercher la solution d'un problême reconnu introuvable et de toute fausseté, par le raisonnement, comme par l'expérience, depuis que Virginius tue sa fille pour résister aux débordemens et aux envahissemens du sé-

pour la France de la rentrée de ces mauvais citoyens, qui étoient allés chercher le fer et le feu de l'étranger pour venir exercer leurs fureurs au sein de leur patrie; la raison publique, la force des choses en ont autrement ordonné, mais leurs passions ne sont pas assouvies, et ils méditent toujours les mêmes iniquités, les mêmes attentats.

„ Comment pourroit-on pardonner au conservateur et à l'aristocratie leurs déclamations accusatrices et inculpatrices, lorsqu'eux seuls tendent à renouveler nos scènes de douleur. Toutes les fois que je lis le conservateur, je crois voir le tableau de nos désastres passés et futurs et ce n'est qu'à regret que je me donne ce tragique plaisir; mais il faut bien savoir ce que pensent et méditent ces hommes, ennemis du bien public, qui ne veulent stipuler que pour un parti, car les autres en stipulant, même pour la démagogie, veulent au moins ou croient stipuler pour le droit ou pour l'immense majorité.

Les rédacteurs du conservateur se vantent d'un grand nombre de lecteurs; je le crois bien, mais ils ne savent donc pas, qu'ils sont presque tous aussi indignés que moi lorsqu'ils l'ont lu: croient-ils qu'ils aient autant d'amis que de lecteurs.

nat, depuis que le sénat fait assassiner les Gracques, depuis les proscriptions de Marius et de Sylla, depuis que les Tibère et les Néron déciment le sénat à l'aide du peuple, et le peuple à l'aide du sénat, jusqu'aux échafauds de la Jaquerie, et de la révolution.

Mais d'ailleurs quoi de plus facile à déranger qu'un misérable équilibre, ou quel équilibre établir entre le tout et quelques uns, est-ce donc sur les oscillations perpétuelles d'un pareil pivot, qu'un législateur éclairé et homme de bien, peut penser à établir un ordre social stable, tandis que l'unité d'intérêt, et la division de l'association politique par tribus lui offrent une base aussi vaste qu'elle est inébranlable et conforme à l'équité.

On veut la fin de nos troubles avec les élémens qui les ont amenés; tant que nous serons assis sur de pareilles bases nous chancellerons toujours. Nous avons toujours l'orgüeil et l'avarice pour ressorts de nos institutions sociales, et l'on nous demande des vertus publiques et privées.

Quand est-ce donc charlatans politiques que vous cesserez de vouloir nous abuser par vos tours d'équilibre, et de nous empoisonner de toutes les passions de l'aristocratie et de la démocratie. Observez donc enfin, une seule fois que là où il n'y a point d'aristocratie il n'y a pas de démocratie, mais que dès le moment où vous parlez de l'une, vous réveillez l'autre

de ces misérables conceptions, de nos penchans antisociaux, et tous les maux, tous les vices qu'elles traînent avec elles.

Vous osez prétendre que l'aristocratie soutient le trône, et moi j'ai démontré que l'aristocratie soutient le trône, comme la corde soutient le pendu; qu'il n'y a point de monarchie là où il y a une république aristocratique comme le veut M.r de Chateaubriant, que dès lors le monarque ne peut plus rien faire que *in consilio fidelium*, comme le prétend M.r de Montlosier, tandis que les intérêts de la monarchie bien entendus, sont identiques avec ceux de l'immense majorité des nations, mais que ceux de l'aristocratie sont toujours et nécessairement en opposition avec les intérêts du trône, comme avec ceux de la majorité des nations; que l'aristocratie feint le dévouement au trône et à la nation, tandis qu'elle ne veut jamais stipuler que *pour elle*;* son dévouement prétendu, n'importe à qu'elle cause, n'est qu'hypocrisie, elle ne voit d'équilibre que dans l'asservissement du trône comme de la nation; demandez plutôt à tous les règnes de notre histoire.

Ceci est si vrai que Romulus périt par les mains de ce sénat qu'il avoit institué, et si ces sénateurs soutinrent les Tarquins, c'est qu'ils partageoient leurs rapines et leurs débauches:

* Nous verrons ceci encore plus évidemment dans un autre moment.

ils assaillirent Louis II, qui eut bien de la peine à leur rendre tous les maux qu'ils faisoient à ses peuples, qu'ils voulurent lui faire, qu'ils avoient fait à ses prédécesseurs, et qui mourut comme le dit Duclos: *haï des grands, adoré du peuple et redouté de ses ennemis*, ils firent assassiner le grand Henri, qu'ils appellerent le Roi de la canaille, et dont les vertus nous rendent encore plus chers ses descendans, etc. etc.

Il auroit donc fallu démontrer, qu'il n'en a jamais été ainsi, pour me convaincre d'erreur, mais si ces faits sont vrais, si les raisonnemens de précision analitique et l'expérience, démontrent l'exactitude et la vérité des principes que j'ai posés, comment avez vous osé me taxer d'erreur.

Je crois avoir démontré de la manière la plus péremptoire, que le plus grand obstacle aux progrés de la civilisation et de l'art social, provient de cette absurde division de l'association politique en aristocratie et en démocratie.

Que nous n'aurons de restauration que quand on aura ôté à nos penchans antisociaux, ces funestes armes.

Que la base de l'unité d'intérêt, opère la fixité, la stabilité, la justice; que le pivot de l'équilibre opère l'instabilité, l'injustice, tous les vices, toutes les corruptions.

Que la monarchie, comme tout autre Gouvernement, est mieux assise sur l'unité, que sur la division des intérêts.

Que le Prince a toujours un intérêt identique avec l'immense majorité de la nation, l'aristocratie jamais.

Que là, où il n'y a point d'aristocratie, il n'y a point de démocratie, mais que du moment où vous organisez l'une, l'aristocratie du moment où vous la supposez même, vous ressuscitez à l'instant la démocratie.

Que c'est contre le texte de la charte, contre les intentions et les intérêts bien entendus de son illustre auteur et de sa dynastie, que les Rédacteurs du conservateur et autres, sont parvenus à transformer une charte basée sur l'égalité des droits, en un code de division des intérêts, et à relever l'étendard de l'aristocratie, en s'armant d'une condescendance, que le législateur a cru devoir accorder à l'orgueil des anciens, comme des nouveaux nobles.

Que l'aristocratie est et sera toujours la cause permanente de tous nos maux, de toutes nos révolutions, passées, présentes et futures. Qu'elle est également la cause de tous les vices, de toute la corruption que l'aristocratie et la démocratie traînent avec elles. (Voyez en une foible énumération dans nos Considérations de 1818).

Que dans la division de l'association politique par tribus, il n'y a ni aristocratie ni démocratie; cette organisation sociale établit l'unité d'intérêt, la plus complète et la plus absolue.

Que la propriété foncière, industrielle et l'éducation, doivent être les conditions essentielles à l'exercice des droits de cité.

Que pour qu'il y ait justice et stabilité dans une association politique, il faut que la majorité absolue et la plus étendue qu'il est possible, jouisse des droits de cité, qu'elle soit comptée et pesée.

Que l'on ne devient citoyen, qu'autant qu'on est membre compté et pesé de la cité, et qu'on en exerce les droits.

Que les majorités absolues des nations modernes, ne peuvent pas être privées plus longtems de l'exercice de leurs droits de cité, sans asservissement.

Que l'asservissement n'est pas la justice, etc. etc.

Que tout ce qui tend à nous ramener aux erremens des peuples conquérans, envers les peuples conquis, est en opposition avec le droit, l'équité et le sens commun.

Qu'il faut s'attacher à faire des citoyens et non des aristocrates ou des démocrates.

Voilà ce qu'il falloit réfuter, pour pouvoir m'improuver à cette tribune de la nation, que mon frère a honorée de ses vertus, et où l'on ne me déshonorera pas, par un ordre du jour aussi peu motivé.

Le reste des objections ou des prétendues réfutations du prétendu publiciste, mérite encore moins que l'on y réponde, que celles, auxquelles je me suis arrêté, peut-être trop longtems jusqu'ici. Je consens à être un barbare pour de pareils gens.

Si le rédacteur de la gazette de France a voulu se cacher sous le nom d'un publiciste de la chambre, pour dire de si bonnes choses, il a eu raison, mais il a eu grandement tort de dire qu'il partageoit ces opinions, et si c'est réellement un publiciste de la chambre qui les a écrites, il a eu grandement raison de se cacher aussi, quoiqu'il y ait peu de courage à se cacher devant quelqu'un qui se nomme et se montre à découvert. Assurément les atteintes que ce publiciste porte à la charte, en relevant l'étendard de l'aristocratie, et même au besoin réveillant les prétendus intérêts du clergé, sont bien plus graves, que ceux qu'il prétend que je lui ai porté, en démontrant les moyens de la rendre stable, ainsi que la dynastie du Prince qui l'a donnée et qui l'aura amendée, après l'avoir vu marcher pendant quelque tems. Qui aura reconnu les atteintes qui ont pu lui être portées, celles qu'elle est succeptible de recevoir et qu'on veut lui porter sans cesse, en transformant un article de pure condescendance, comme l'observe la quotidienne (qui a semblé par là vouloir me réfuter) en un article organisateur de la division des intérêts et par conséquent du trouble, car la moyenne proportionnelle de toute division des intérêts, c'est le trouble.

Dans cette position il faut donc avoir recours au législateur.

Je n'ai plus que quelques mots à dire sur ce que je suis un enfant perdu d'un parti; et de quel parti? ce n'est pas de l'aristocratie assurément. La quotidienne et le journal des débats, m'ont honoré de leurs injures, sans articuler un mot qui ait pu les justifier. La gazette de France a cru mieux faire et je l'en remercie; pas un seul journal, soit-disant libéral, n'a pris mon parti, ni inséré ma réponse au fameux ordre du jour de la chambre, à peine la Minerve a-t-elle dit un mot de ce fameux ordre du jour, sans désigner de qui elle vouloit parler, elle n'a donne qu'un article d'occasion sur l'ouvrage lui-même, (dans sa 43.e livraison, p. 176.), et je lui dois des remercimens pour les choses obligeantes qu'elle a bien voulu dire à cet egard. Mais parce que le censeur n'a pas compris la valeur d'une expression employée par Platon et par J. J. Rousseau, il a fait une impertinente censure d'un ouvrage qu'il n'a pas lu. Le seul journal général, en a donné une analyse très courte et froide, mais correcte et exacte.

Comme je n'ai point de cotterie à Paris, comme j'écris de la province avec tous les désavantages de cette position, je n'ai pas à m'étonner de ne pas y avoir trouvé des prôneurs, même dans le parti libéral, car je ne suis probablement pas assez libéral pour quelques uns d'entr'eux.

Si le sort funeste de mon frère et le terrible spectacle de la révolution, ne m'avoient pas en quelque sorte forcé à réfléchir autant que j'ai pu le faire, sur les sciences morales et politiques, et à les étudier comme sciences, à l'occasion de mes nuits,* il est probable, que je ne me serois guère douté de la foule de gens, qui se permettent d'en décider comme le publiciste de la gazette de France, sans les avoir jamais apprises, mais je ne puis trop m'étonner de cette foule d'écrivains et d'hommes superficiels, qui aiment mieux se battre avec les ruines de l'aristocratie et de la démocratie, que de se servir de ces ruines pour en bâtir un nouvel édifice sur un plan plus sage, plus simple et plus régulier; l'obstination avec laquelle on réchauffe tous les lieux communs de cette belle conception de nos penchans anti-sociaux, toutes les vieilles doctrines des équilibristes, auxquelles nous sommes si sottement revenus, me paroit un juste sujet d'étonnement et de scandale, pour l'homme qui pense et qui réfléchit. Cependant le vaisseau de l'état toujours battu par les fureurs de l'aristocratie et de la démocratie, doit finir par faire naufrage, à moins que le pilote, qui est le plus intéressé

* Voyez la 5.e de ces nuits, la seule qui soit encore imprimée dans mes Considérations publiées en 1818.

à son sort, ne fasse cesser ces déplorables discussions, par une institution solide, qui ramène la civilisation à l'unité d'intérêt, dont elle ne peut jamais sortir, que par la barbarie et l'ignorance de ceux qui font les lois. Espérons que le Prince s'arrêtera à considérer quel abus on a fait jusqu'ici d'un article arraché à sa condescendance, dont on s'est servi, pour dénaturer son institution, laquelle d'après nos bons interprètes, n'est plus basée sur l'égalité des droits.

Mais que le publiciste de la gazette de France se rassure, je suis à-peu-près seul de mon parti, excepté quelques bons esprits, qui ont lu l'ouvrage qu'il n'a pas pris la peine de lire, et qui l'ont apprécié après l'avoir lu, ce que n'ont pas fait les publicistes de la capitale, qui ont voulu le censurer; car le grand genre à Paris, c'est de censurer ce que l'on ne connoit pas.*

* C'est ainsi qu'un noble pair a fait la carricature des *Considérations sur l'état actuel des Sociétés en Europe*, dans la revue encyclopédique, sans en avoir lu, je suis sûr, plus de deux ou trois chapitres. La légèreté du noble pair, dont j'honore d'ailleurs infiniment le caractère, les talens et les vertus, cette légèreté remarquable, avec laquelle il a traité mon ouvrage, ne m'a cependant pas empêché de lire avec beaucoup d'attention, celui qu'il vient de publier sous le titre de: *Constitutions de la nation française, avec un essai historique et politique sur la charte.* J'y ai vu, que l'auteur y est

Quoiqu'il en soit, je remercie la gazette de France de n'avoir pas imité la prudente circonspection du conservateur, qui s'est bien gardé d'attaquer *les Considérations sur l'état actuel des*

---

entièrement de mon avis sur les inconvéniens de l'art. 71, et son peu de concordance avec les art. 1 et 3 de la charte. (V. les Chap. 9, 10. Liv. 2, etc. et *passim*). Seulement il ne paroît pas croire, que cet article doive être considéré comme organisant une minorité, ou pour mieux dire, il n'examine pas cette question. Il a l'air de penser qu'en s'attachant fortement à la charte, le Gouvernement pourra nous faire éviter la plupart des inconvéniens de cet article fameux, dont suivant lui, la raison et l'opinion publique finiront par faire justice. Mais il ne donne pas dans la manie des équilibristes, et il accable l'institution, dont cet article, si malheureusement intercallé dans la charte, est une superfétation funeste de toutes les ironies et de tous les sarcasmes, dont elle mérite de l'être. Cependant je ne partage pas sa sécurité à cet égard, et je ne pense pas, qu'il suffise d'en appeler à la raison et à l'opinion publique, lorsqu'un article de cette importance arme contre la vérité et la justice, des passions aussi violentes, aussi permanentes, aussi peu délébiles que celles qui agitent notre minorité, et qui ont agité les minorités de tous les tems, de tous les lieux; ce n'est pas avec l'opinion publique, que l'on en vient à bout; ce n'est que par une institution forte et vigoureuse, que l'on peut enchaîner leur activité et leur énergie au bien général, et à la justice envers tous; ainsi que j'ai cherché à le faire dans mes Considérations.

Le noble pair observe, que « sous Napoléon, les deux « noblesses furent astucieusement rétablies, mais constituées « en une seule, faite pour abaisser, effacer toute grandeur

Sociétés en Europe; parce qu'ils ne veulent pas combattre sur ce terrain, la question seroit trop promptement jugée contre eux, ils aiment mieux

---

« nationale. » Le noble pair pense-t-il, que l'art. 71 puisse produire un autre effet. L'auteur n'aborde pas ces questions, dont il n'a rien vu dans mes Considérations, parce que bien sûrement il ne les a pas lues, sans quoi il n'en auroit pas parlé comme il l'a fait. Il ne donne aucune attention à ces hautes Considérations législatives sur lesquelles j'ai tant insisté, et d'après lesquelles en cherchant à rendre à l'esprit humain sa rectitude originelle sur les deux premiers buts de toute association politique; j'ai pensé à enchaîner nos penchans antisociaux au bien général et à la justice envers tous, en nous garantissant des erreurs dans lesquelles nous sommes constamment entraînés, par l'esprit aristocratique ou démagogique.

Le noble pair insiste avec un merveilleux courage et une raison forte et vigoureuse, sur ces violations partielles de la charte, qui en ont détruit jusqu'ici la bienfaisante influence, sans faire attention que les meilleures dispositions partielles sont de peu d'effets et ne peuvent durer, là, où les dispositions générales sont vicieuses, c'est donc au vice de ces dispositions générales que nous devons tâcher de remonter.

Le noble pair est parfaitement nourri de toutes les belles théories de l'assemblée constituante, que l'on retrouve avec plaisir dans son ouvrage, mais qui nous ont présenté l'horrible inconvénient, de nous laisser au milieu des démolitions, dont cette assemblée, d'ailleurs immortelle, nous avoit environné, sans nous offrir une institution qui puisse et qui doive remplacer celles qu'elle avoit détruite avec tant de raison. C'est ce qui a prolongé pour nous l'enfance de la civilisation à travers 30 ans d'une révo-

rester dans le vague de leurs déclamations journalières sur les hommes monarchiques et les honnêtes gens : déclamations à l'aide desquelles

lution, qui semble prête à recommencer avec tous les maux de la division des intérêts. L'assemblée constituante avoit proclamé l'égalité des droits, sans lui donner la garantie d'une institution qui organisât l'unité d'intérêt, et c'est parce que cette assemblée n'a rien substitué à ses démolitions, que son ouvrage n'a duré qu'un jour. Tant que l'aristocratie ne se trouvera pas remplacée par une autre institution, *celle des tribus*, elle ne se croira pas abattue ni détruite. Du reste, nous reconnoissons avec l'auteur que : « plus les qualifications de noblesse ont eue d'effets « politiques et civils, plus on a vu retarder la civilisation « et la prospérité du genre humain. »

Comme tous les politiques de cette époque fameuse de notre histoire, le noble pair commence l'édifice de l'organisation sociale par son sommet, c'est-à-dire, par les grands pouvoirs, sans s'embarrasser des bases, ou de l'organisation de la nation, et il semble croire encore, ces bases suffisamment établies sur ce vague énoncé de l'égalité des droits, sans aucune institution, qui en offre la garantie. Que dis-je avec une institution qui détruit cette garantie !

Il s'en faut donc beaucoup, qu'en ceci, l'auteur soit fondé en raison, ainsi que le prouve l'état actuel de l'opinion et des écrits en France ; et cet état ne peut cesser d'être tel qu'il est, qu'autant que l'on aura fait entrer la majorité dans la cité, dont il reconnoît qu'elle est exclue ; car il observe très bien que notre constitution est toute aristocratique. Je ne puis m'empêcher d'observer à cette occasion, qu'elle est mieux que cela, c'est une oligarchie entée sur une aristocratie, . . et le noble pair,

ils s'efforcent de masquer toutes les prétentions de l'aristocratie, comme s'ils pouvoient persuader à quelqu'un excepté à leurs co-intéressés qui

comme la plupart des autres politiques de nos jours, à la honte du 19.e siècle, parle encore de l'élément démocratique, comme de l'élément aristocratique; lorsque comme je l'ai démontré, tout l'effort du génie législatif doit se porter à détruire jusqu'au souvenir de pareilles divisions, et à effacer du sol natal, tous les vices, toute la corruption, qui naissent de ces fatales distinctions. Voilà sur quoi l'attention du noble pair se seroit sans doute exercée, s'il avoit pris la peine de lire les Considérations sur l'état actuel des Sociétes en Europe, dont il a cherché à faire la caricature, et il ne se seroit pas permis à cette occasion une plaisanterie triviale et de mauvais goût, aussi peu digne de la gravité du sujet, que de celle du noble pair.

Ainsi sous ces divers rapports, les: *Considérations sur l'état actuel des Sociétés en Europe*, sont encore fort en avant du livre des: *Constitutions de la nation française*, dont l'auteur reconnoît avec moi, que la révision est nécessaire, quoiqu'il dise (p. 162) que: « les lois du recrutement « et des élections franchement exécutées, une cham- « bre des Députés librement élue, sans influence minis- « térielle et une bonne loi sur la responsabilité des ministres, « en faisant disparoître les abus principaux feroient cesser « les plaintes. » Je le félicite de sa sécurité, mais je crois avoir démontré le contraire, et je le démontrerai encore mieux quand on voudra. Je crois que l'auteur est ici dans une funeste et profonde erreur, dans laquelle on ne devroit pas tomber avec quelque réflexion, lorsqu'on est en présence d'une oligarchie entée sur une aristocratie; je n'en dirai pas davantage à cette occasion dans ce moment-ci.

feignent

feignent de les croire, que c'est pour la monarchie qu'ils combattent; mais ils se gardent bien d'aborder franchement le véritable état de la question, qui se réduit à ceci: le législateur éclairé et homme de bien peut-il vouloir organiser de nos jours l'association politique, sur la base de la division des intérêts?

Est-il plus prudent, plus juste, plus équitable de l'organiser sur celle de l'unité d'intérêt?

Telles sont les deux questions auxquelles je crois avoir solidement répondu.

Ces Messieurs osent encore parler de la révolution, comme d'une révolte, quoique ils sentent bien, et c'est en cela que consiste leur perversité, qu'eux seuls sont en révolte, contre la vérité, la justice et les droits de tous; ils savent bien aussi que la dynastie tartare s'asseyera sur le trône de la Chine, avant que l'insolente aristocratie aidée de quelques prêtres factieux cesse de provoquer les fureurs de la démocratie.

Il en est probablement de même de quelques hommes démocratiques, ou prétendus libéraux, qui veulent se ménager des chances à de nouveaux combats et à de nouveaux triomphes, et qui seroient bien fâchés que l'on substituât un point précis de discussion aux éternelles divagations du plébéisme et du patriciat, que l'on ramenât enfin l'attention sur la question fondamentale de l'unité ou de la division des intérêts. Voilà pourquoi on s'est refusé jusqu'ici à lui donner cette attention qu'elle mérite, tant il est vrai, que peu de gens veulent sincèrement la stabilité, l'ordre et la paix.

De grands intérêts font mouvoir ces partis, mais certes ce ne sont pas ceux de la dynastie ni de la charte.

Quoiqu'il en soit, tant qu'on admettra la possibilité d'une bonne organisation sociale avec la division des intérêts, on répétera les mêmes divagations que dictent les fureurs de l'aristocratie et de la démocratie, et tandis que dans ce conflit des partis on répète les mêmes phrases, les mêmes mots, la raison humaine reste stationnaire, l'art social ne fait aucuns progrès; cependant par la nouvelle institution des municipalités ou centenies, nous pouvons encore sortir de cette funeste ornière de l'aristocratie et de la démocratie, ou des révolutions, et couper court aux guerres du patriciat et du plébéisme, qui ne font que commencer en Europe et qui veulent renaître de leurs cendres en France. Jusqu'à ce que cette institution soit établie, on est sûr d'avoir d'un côté l'orgueil et l'arrogance, d'un autre côté l'esprit de réaction et d'insurrection.

Voilà ce que j'ai prouvé dans mes Considérations et dans mon adresse, c'est à cela qu'il falloit répondre à la tribune, aulieu de m'improuver, ou si l'on ne pouvoit pas mieux y répondre que le publiciste de la gazette de France, il falloit accorder ce qu'on ne pouvoit refuser d'admettre; je crois donc pouvoir en appeler de la chambre mal informée, par quelques hommes prévenus ou peu éclairés, à la chambre mieux instruite et prenant connoissance par chacun de ses membres de l'objet dont il est question, pour confirmer ou révoquer une improbation qui la compromet plus que moi, car il faudra bien que la mode s'empare enfin de ces vérités et les soumette à la discussion des partis, et comme leur nature est de celle du liége, elles surnageront nécessairement cette mer de passions et d'erreurs, qui nous environnent, et les noms de ceux qui les auront condamnées seront exposés à la censure des races qui nous succéderont.

Quant à moi qui ne suis pas un publiciste, je dis au publiciste de la gazette de France, et à tous les publicistes du monde: ceux qui dans l'état actuel des sociétés en Europe, prétendent nous gouverner sur les bases de la démocratie et de l'aristocratie, sans injustice et sans révolution, contre le texte des articles 1 et 3 de la charte, sont dans une grossière erreur, et ceux qui veulent cet ordre de chose, sachant bien qu'il est inexécutable, mais parce qu'il convient à leurs intérêts, tels sont les champions de l'aristocratie, ceux-là sont des factieux.

L'expérience et le raisonnement démontreront-ils donc toujours inutilement, que la source de tous nos maux, de tous nos vices, de toute notre corruption, de toutes nos révolutions des tems modernes, depuis et y compris Rome, est due à l'institution du patriciat, qui constitue immédiatement le plébéisme; que le patriciat donne à tous les Gouvernemens qui se régissent sur cette base, l'orgeuil et l'avarice pour ressorts; aurai-je inutilement montré l'issue à tous ces maux, prouvé que si l'organisation de la société par classe organise la division des intérêts, son organisation par tribus organise l'unité d'intérêt; que sans unité d'intérêt, but primitif de toute association politique, il n'y a qu'anarchie, injustice ou asservissement. On pourra me traduire et me condamner à un tribunal, qui ne m'aura ni lu, ni entendu, comme la chambre, je n'en aurai pas moins démontré, que tel est le but autour duquel l'esprit humain ne cesse de graviter dès avant, et surtout depuis la révolution; si je suis condamné comme Galilée, par ceux qui croient avoir intérêt à ce qu'il n'en soit pas ainsi, je dirai comme celui-ci *e pero gira*; et il n'en sera pas moins vrai, que tant que nous ne nous rapprocherons pas de ce but, et que nous ne mettrons pas en action les articles 1 et 3 par une forte institution, tant que nous nous éloignerons au contraire de ce but, en relevant l'aristocratie en vertu de l'article 71, comme le font tous les hommes prétendus monarchiques, par les plus fausses interprétations, et les plus funestes extensions auxquelles cet article puisse donner lieu, nous courons à de nouveaux troubles, à de nouvelles révolutions, et nous retomberons, je ne dis plus où;.. ceci est aussi vrai, j'en demande pardon d'avance à tous les hommes de partis, rapporteurs, ou publicistes de la chambre ou des gazettes; qu'il est vrai que la terre tourne autour du soleil, *e pero gira*. On pourra me condamner à cet égard, ou m'injurier comme l'ont fait les gazettes aristocratiques, etc. Je répèterai néanmoins et je dirai toujours, *e pero gira*, ainsi qu'on le reconnoîtra un peu plus tard, quoiqu'en dise le noble Pair, qui veut que l'on renvoie ces vérités, et les institutions qui doivent les mettre en action à l'an 2440, car il nous ménage jusqu'à cette époque, cinq siècles encore et plus, d'agitations et d'injustices; espérons que notre apprentissage ne sera pas aussi long, que l'espèce ne vieillira pas toujours inutilement, et que ce ne sera pas toujours uniquement à la force des choses que nous devrons les améliorations de l'état social, mais qu'il en recevra quelques unes de la réflexion et du raisonnement.

C'est autour de ce but, que nous errons en aveugles, en condamnant ceux qui nous le montrent dans tout son jour, et cependant c'est là où nous en viendrons, lorsque nous voudrons stabilité, justice. Toutes les menées, toutes les injures, toutes les fureurs aristocratiques qui éveillent les fureurs démocratiques, sont les avant coureurs des révolutions; il faut donc noyer tous ces germes de révolution dans une institution fortement conçue, qui prévienne tous les abus auxquels peuvent donner lieu les mauvaises interprétations d'un article équivoque, dont on a tant abusé jusqu'ici.

Faisons donc des citoyens, aulieu de faire des aristocrates et des démocrates; pour moi je ne voudrois être ni l'un, ni l'autre, car le bien général ne peut se trouver du côté des champions de l'aristocratie, mais restant attaché au bien général, parce qu'il est le seul parti légitime ou plutôt que lui seul n'est point un parti; je me réunis à l'immense majorité contre le parti de l'aristocratie, qui ne peut plus exister en Europe que par une opposition, la plus manifeste et la plus funeste à tous les principes de l'art social les mieux reconnus, les plus solidement etablis.*

* Je connois trois grands défauts littéraires à ces pièces, des longueurs, des répétitions et des phrases, dont la longueur fait disparoître le nombre et la cadence; je n'ai pas voulu les corriger, j'en dirai plus tard les raisons.

JUIN 1819.

www.ingramcontent.com/pod-product-compliance
Lightning Source LLC
LaVergne TN
LVHW020432230826
846091LV00004B/1471

9782016129661